石井 宏宗 著

M&A と株主価値
― Does M&A pay? ―

東京 森山書店 発行

は　し　が　き

　市場では毎日のようにM&Aが繰り広げられている。しかしながら，はたしてM&Aに経済的シナジー効果はあるのであろうか。この疑問は古くから経営学のなかで議論がなされてきた。ところが，この問いにたいしての明確な解は存在していない。学説上では長い間，M&Aにシナジー効果があるとするシナジー理論と，M&Aは買い手企業の価値がターゲット企業へ移転するだけとする経営者の傲慢理論が対峙している。

　本書はこの問題を探求するために，M&Aが買い手企業およびターゲット企業にどのような経済的シナジー効果をあたえるかについて，実証研究の視点から明らかにしたものである。M&Aの経済的シナジー効果の検証は，M&Aが株主価値へあたえる影響を測定することで可能となり，株主価値はいくつかの評価モデルにより測定される。測定結果はM&Aのシナジー理論と経営者の傲慢理論によって考察される。

　従前からM&Aの経済的シナジー効果に関する研究は，合併取引もしくは買収取引，買い手企業またはターゲット企業，短期間もしくは長期間の効果分析，いずれか一方向からの検証がほとんどである。しかしながら合併取引と買収取引，買い手企業およびターゲット企業，短期間と長期間，それぞれ多角的な観点から検証をした場合，どのような結果が得られるのであろうか。この問題意識について，これまでの研究ではなんら示されていない。

　M&Aの経済的シナジー効果に関する研究は，より多角的な観点から考察されるべきである。本書の特徴は，これまでの研究における検証方法の問題点を補完するため，合併と買収，買い手企業およびターゲット企業，短期的効果と長期的効果，それぞれの視点からM&Aが株主価値にあたえる影響を検証していることである。さらに実証結果をM&Aのシナジー理論と経営者の傲慢理論という，対立するふたつの理論から検証している点は他に類をみない。

本書では長期的な検証の結果から，M&Aに強い経済的シナジー効果があることが確認された。M&Aは経済的シナジー効果を有しているのである。ただし短期的な買収取引においては，買い手企業からターゲット企業へ価値の移転が確認された。つまり長期的にみればM&Aのシナジー理論が実証されたが，短期的には経営者の傲慢理論がみいだされる場合もあるということになる。M&Aの経済的シナジー効果の存在を認めたうえで，経営者の傲慢理論もM&Aのひとつの特質といえるのである。

　また本書では第7章にてM&Aのケース・スタディも検証している。一般的に，わが国では経営学と実学の視野は乖離しており，融合は困難と考えられてきた。しかしながら，本書第7章の結果をみても，マクロ的な実証とミクロ的な実学ベースのケース・スタディに一定の相関性をみいだすことができる。筆者は本書を執筆し，経営学と実学が融合する時代がすぐにでも到来するであろうと予見している。社会科学としての経営学の「知」が企業経営にたいして効果的に貢献する。その時代を見据え，微力ながらも生涯にわたり経営者兼経営学者として研究を積み重ねていく所存である。

　筆者は，恩師である明治大学経営学部教授　森　久先生から，おおよそ10年間にわたり懇切丁寧なご指導をいただいている。浅薄な実務家が，この10年の間に経営者，研究者，そして大学教員という三足の草鞋を履くこととなった。森久先生のご指導なくして，いまの筆者の存在はありえない。そして今回，今後の活動のメルクマールとなる本書を刊行するまで至ることができた。森久先生にたいして，あらためて心より感謝を申し上げる次第である。

　本書は，筆者の博士学位請求論文を基に作成したものである。論文審査において，鈴木研一先生（明治大学経営学部），大倉学先生（明治大学経営学部）には大変お世話になった。また関　利恵子先生（信州大学経済学部），長野史麻先生（明治大学経営学部）をはじめ森久研究室の同門諸氏，筆者が所属する国際戦略経営研究学会と日本経営分析学会の先生方には多大なるご支援をいただいた。しかしながら幾多の貴重な助言をいただいたにも関わらず，筆者の皮相な能力では本研究の成果が精一杯である。本書にたいして，厳格なご批評を賜りたい。

末筆ながら，本書出版に尽力して頂いた森山書店の代表取締役社長　菅田直文氏，同取締役編集部長の土屋貞敏氏には，多くのご面倒をおかけした。本書の編集をとおして，書籍を出版する困難さ，そしてその所業の文化的な意義について深く学ばせていただいた。本書の編集作業に携われたことは筆者の人生の財産である。深くお礼を申し上げたい。

　最後に，私事で恐縮ではあるが，筆者の諸活動を暖かく見守ってくれている妻と家族に感謝したい。そして息子たちとその子孫に本書を捧げる。

2010年9月30日

東京都渋谷区広尾

石 井　宏 宗

目　　次

序　章　本書の問題意識 …………………………………… 1

第 1 章　M&A の概念と展開 ………………………… 11
1　は じ め に ……………………………………… 11
2　M&A の概念 …………………………………… 11
3　M&A の歴史 …………………………………… 13
4　M&A の動向 …………………………………… 17
5　む す び ………………………………………… 22

第 2 章　M&A の動機と理論 ………………………… 27
1　は じ め に ……………………………………… 27
2　動機と理論の体系 ……………………………… 27
3　シナジー理論 …………………………………… 31
4　経営者の傲慢理論 ……………………………… 33
5　む す び ………………………………………… 35

第 3 章　M&A の株価効果—これまでの研究— ……… 41
1　は じ め に ……………………………………… 41
2　シナジー理論と *CAR* …………………………… 42
　2-1　米国の *CAR* 研究 ………………………… 42
　2-2　国内の *CAR* 研究 ………………………… 43
3　経営者の傲慢理論と価値移転仮説 …………… 44

3-1　経営者の傲慢理論と価値移転仮説の関係 ················· 45
　　3-2　合併・買収プレミアムの研究 ························ 46
　4　合併と買収 ······································· 47
　　4-1　薄井（2001）の研究 ·························· 47
　　4-2　松尾・山本（2006）の研究 ···················· 48
　5　む　す　び ······································· 49

第4章　M&A情報の公開と株価—*CAR* をもちいて— ········· 55
　1　は　じ　め　に ··································· 55
　2　リサーチ・デザイン ······························· 56
　3　*CAR* をもちいた検証 ····························· 60
　4　加重 *CAR* と合併・買収プレミアムによる検証 ······· 64
　5　む　す　び ······································· 68

第5章　M&Aと財務業績—これまでの研究— ··············· 73
　1　は　じ　め　に ··································· 73
　2　財務比率の検証 ··································· 74
　　2-1　Ravenscraft and Scherer（1987）の研究 ········ 74
　　2-2　Yeh and Hoshino（2002）の研究 ··············· 76
　　2-3　青木（2005）の研究 ·························· 77
　3　キャッシュフローにたいする影響 ··················· 79
　　3-1　Seth（1990）の研究 ·························· 79
　　3-2　Healy, Palepu, Ruback（1992）の研究 ·········· 80
　　3-3　Ghosh（2001）の研究 ························· 82
　4　*CAR* とキャッシュフローの接合 ··················· 84
　　4-1　Healy, Palepu, Ruback（1992）の研究 ·········· 84
　　4-2　薄井（2001）の研究 ·························· 86

5	む　す　び ………………………………………………………………	87

第6章　M&Aがもたらす長期的財務効果 …………… 93
─PBRをもちいて─

1	は　じ　め　に ………………………………………………………	93
2	リサーチ・デザイン ……………………………………………………	94
3	PBRをもちいた検証 ……………………………………………………	99
4	PBRのベンチマークとROAによる検証 ………………………………	101
5	む　す　び ………………………………………………………………	111

第7章　M&Aにみるひとつのドラマ ……………………… 115
─半導体メーカーA社によるランプメーカーB社の買収開発─

1	は　じ　め　に ………………………………………………………	115
2	技術的イノベーションと買収開発の決断 ……………………………	116
3	買収開発後の躍進 …………………………………………………………	119
4	株主価値の観測 ……………………………………………………………	122
5	む　す　び ………………………………………………………………	124

第8章　M&Aが株主価値にあたえる影響 ……………………… 129

1	は　じ　め　に ………………………………………………………	129
2	本　書　の　要　約 ………………………………………………………	129
3	本研究の発見事項 …………………………………………………………	135
4	本　研　究　の　限　界 ……………………………………………………	138
5	む　す　び ………………………………………………………………	138

図　　表　(141)
参　考　文　献　(165)
索　　引　(173)

序章

本書の問題意識

　"Does M&A pay?" この問いかけは Bruner (2002) の論文タイトルであり [Bruner (2004), p. 30]，和訳すれば「M&A は割に合うのか」という意味になる。要するに，M&A に経済的なシナジー効果があるか否かを問うているのである。

　これまで M&A を対象としたさまざまな研究がおこなわれてきたが[1]，M&A の経済的なシナジー効果について，学問的に統一した理論はいまだに構築されていない。他方，経営実務においては連日のように M&A がおこなわれている。この現実は，多くの経営者が M&A の経済的なシナジー効果を前提に行動をしていることを示唆している。

　実際に，株式会社ライブドアなどは M&A により事業規模が急拡大し，株主時価総額は一時的に老舗の大手企業を超えた。数年前，このようなファンド会社などを中心とした加熱気味ともいえる M&A ブームが生じたことは記憶に鮮明であろう[2]。新興企業の経営者が大手老舗企業に M&A をしかける行為は，マスコミから時代の寵児のように取り扱われた。これらの経営者の行動には，M&A が経済的シナジー効果を生む経営戦略であるという，強い確信があったものと考えられる。

　しかしながら，紙面を賑わすセンセーショナルな事例のみで，M&A のもつ経済的シナジー効果が証明されるものではない。M&A に経済的シナジー効果があるか否かを実証するためには，定量的視点から，M&A による経済効果を適切に測定することが必要である。どのようなサンプル，評価モデル，理論をもちいて M&A の経済的シナジー効果を検証すべきか，熟考しなくてはならない。

　一般的に M&A の主要な目的は，企業価値の向上といわれている。企業価値を高めることができれば M&A は成功し，低減させた場合は失敗とみなすこと

図表 序-1 会社総価値と株主価値の関係

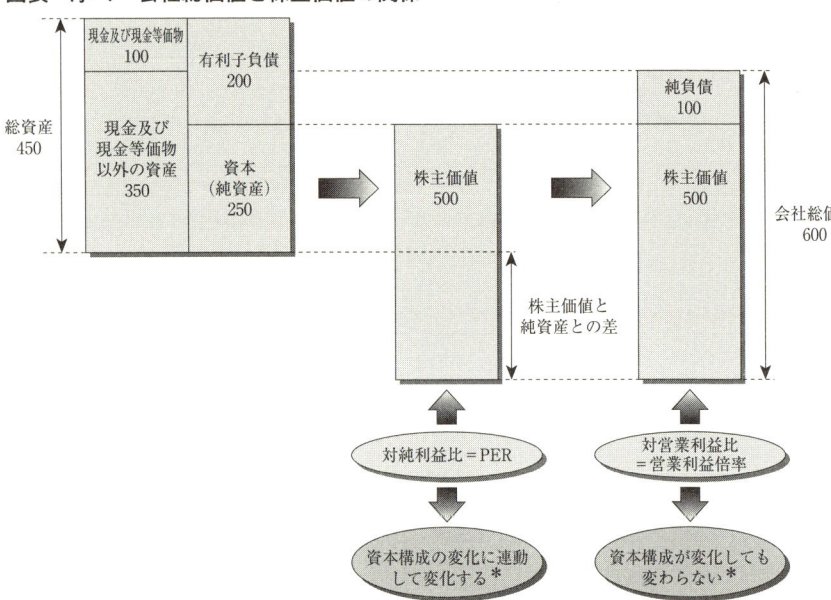

(注) ＊株式市場が営業利益倍率を一定とし，株主価格を会社総価値から純負債を差し引いて決定するとした場合。
出所：服部（2004），55ページ。

ができよう。したがって企業価値の増減を測定することができれば，M&Aの経済的シナジー効果の検証が可能ということになる。しかしながら，企業価値とはいったい何を意味しているのだろうか。

服部（2004）によれば，企業価値の概念は会社総価値と株主価値のふたつに大別される。会社総価値とは株主価値に純負債[3]をくわえた部分，株主価値は企業価値のうち株主に帰属する部分[4]をさす［服部（2004），53ページ］。

本研究はM&Aの経済的シナジー効果を考察するものであり，M&Aが負債におよぼす影響について及ぶものではない。そのため，純負債を含む会社総価値ではなく純資産の観点，すなわち株主価値の測定によりM&Aの経済的シナジー効果を検証することが妥当である。本研究では株主価値を企業価値の指標とみなし，M&Aが株主価値にあたえる影響を分析していく[5]。

本書の目的は，M&Aが買い手企業およびターゲット企業にどのような経済的シナジー効果をあたえるかについて，株主価値の視点から明らかにすることである。M&Aの経済的シナジー効果の検証は，M&Aが株主価値へあたえる影響を測定することで可能となり，株主価値はいくつかの評価モデルにより測定される。株主価値の測定結果は，M&Aには経済的シナジー効果があるとするシナジー理論と，M&Aにシナジー効果はないとする経営者の傲慢理論によって検証される。

　本書の構成は，以下のとおりである。第2章においては，M&Aの主要な動機と理論を考察し，M&Aの中でふたつに大別される主要な理論を取りあげる。一般的な文献のなかで，M&Aの主な動機として取りあげられているのがシナジー理論である。シナジー理論とは規模の経済，範囲の経済や技術の獲得など，経済的なシナジー効果を目的とするM&Aの基本的な動機である。M&Aの経済的シナジー理論についてはJensen and Ruback（1983）[Jensen and Ruback（1983），p. 47]など，プラスの効果を検証する多くの研究が存在している。他方でM&Aには経済的シナジー効果がなく，買い手企業[6]の経営者の傲慢により買い手企業の株主価値がターゲット企業に移転してしまうとする理論がある。この理論はRoll（1986）のなかで経営者の傲慢理論とよばれ[7]，シナジー理論の対極に位置付けられる理論である[Roll（1986），p. 213]。

　第3章では，M&Aが株主価値へあたえる短期的な効果を検証するために，M&Aの情報開示が株価効果にあたえる影響を検証した研究をレビューする。一般的に，M&Aは買い手企業およびターゲット企業の株価に影響をあたえると考えられている。M&Aの短期的な株価効果を測定する一般的な評価モデルとしては，M&Aの情報が開示される日をイベント日として，その前後の株価累積超過収益率（Cumulative Abnormal Return：以下では*CAR*という）を分析するイベント・スタディ（Event Study）が有名である[8]。本章では，*CAR*をもちいてM&Aの株価効果を検証している，これまでの主要な研究を取りあげる。

　第4章の目的は，M&Aが株主価値にあたえる短期的な影響を測定し，M&Aにおける経済的シナジー効果について，シナジー理論と経営者の傲慢理論から検

証することである。M&A の短期的な影響は，M&A による情報開示の株価効果を測定することで可能となる。株価効果の測定モデルは，これまでの主要な研究と同様に CAR をもちいる。本章で対象とするサンプルは，合併取引における買い手企業 65 社，ターゲット企業 65 社，買収取引の買い手企業 84 社，ターゲット企業 84 社，合計 298 社が対象である。評価モデルは CAR の推移，加重 CAR の分析，合併・買収プレミアム，これら 3 つをもちいて M&A が短期的に株主価値にあたえる効果を検証する。

第 5 章では，M&A が株主価値へあたえる長期的な経済的効果を検証するために，長期間にわたる M&A の経済的効果を分析した研究をレビューする。M&A の長期的な経済的効果を測定する実証方法は，パフォーマンス・スタディとよばれている[9]。測定にもちいる指標としては，総資産利益率（Return on Asset：以下では ROA という），株主資本利益率（Return on Equity：以下では ROE という），キャッシュフローなど伝統的な財務指標をもちいることが一般的である。本章では，これらの指標から M&A の財務効果を検証した，これまでの主要な研究を取りあげる。

第 6 章の目的は，M&A が長期的に株主価値へあたえる影響を測定し，M&A の経済的シナジー効果について，シナジー理論と経営者の傲慢理論をもちいて検証することである。M&A が財務にもたらす長期的な影響は，M&A が株主価値におよぼす経済効果を数年間にわたり動態的に分析することで可能となる。本章では，株主価値を直接測定可能な評価モデルである，株価純資産倍率（Price Book-value Ratio：以下では PBR という）[10]をもちいて，M&A が長期的に株主価値へあたえる効果を測定する。サンプルは，第 4 章と同一のデータをもちいた。また，年度別平均 PBR とベンチマークとする年度別東証平均 PBR の比較，一般的な評価モデルである ROA による検証もおこなう。

第 7 章においては，実際におこなわれた M&A の事例を，ケース・スタディとして取りあげる。第 4 章および第 6 章で実証された結果を踏まえ，本章では個々のケースにおける M&A の経済的シナジー効果の検証をおこなう。つまり M&A が株主価値にあたえる影響をマクロ的な視点からだけではなく，ミクロ的

図表 序-2　研究項目一覧

分析モデル	イベント・スタディ	パフォーマンス・スタディ
対象期間	短期間（イベント日前後45日間・合計91日間）	長期間（M&A実施年±5年間・合計10年間）
対象企業	買い手企業（＝合併企業）とターゲット企業（＝被合併企業） 買い手企業（＝買収企業）とターゲット企業（＝被買収企業）	買い手企業（＝合併企業）とターゲット企業（＝被合併企業） 買い手企業（＝買収企業）とターゲット企業（＝被買収企業）
評価モデル	① 株価累積超過収益率（CAR） ② 総便益と加重CAR ③ 合併・買収プレミアム	① 株価純資産倍率（PBR） ② PBRとベンチマークの対比 ③ ROA
検証理論	① シナジー理論 ② 経営者の傲慢理論	① シナジー理論 ② 経営者の傲慢理論

出所：本章より筆者作成。

な視野からも分析を試みようとしているのである。CARやPBRなど数値的な検証だけではなく，M&Aにいたる業界や技術的な背景，さらに経営者の意思決定などの非財務情報を取りあげることで，M&Aが株主価値にあたえる影響を立体的に考察していく。

第8章においては本書の要約をおこない，本研究から得られた発見事項をまとめる。

〔注〕

（1）　Bruner (2004) はM&Aに関する主要な先行研究をまとめた文献のなかで，これまでのM&Aに関する研究領域を "Key Themes" "Strategy and Origination of Transaction Proposal" "Diligence, Valuation, and Accounting" "Design of Detailed Transaction Terms" "Rules of the Road" "Competition, Hostility, and Behavioral Effects in M&A" "Communication, Integration, and Best Practice" の7つに大きく分類した［Bruner (2004), p. 9］。

　Key ThemesではM&Aにおける基本的な研究課題である Ethics in M&A と Dose M&A Pay? を取りあげ，M&Aの倫理についての研究，そして本研究の背景でもあるM&Aは割に合うかという課題について先行研究をサーベイしている［Bruner (2004),

p. 13]。とくに Dose M&A Pay? の研究領域では The measurement of M&A profitability (M&A による収益の測定方法), Findings based on the analysis of returns to shareholders (株主収益の分析), Findings based on the analysis of reported financial performance (財務諸表の分析), Findings about the Drivers of Profitability (収益の原動力), Findings from surveys of executives (経営者の調査), Findings from Clinical Studies (臨床研究) などの分析手法および評価モデルを概観している [Bruner (2004), p. 30]。このように第三者でも入手可能な株価や財務諸表をもちいる客観的な実証分析のサーベイは, 主観的な偏倚を可能な限り除去した研究を追求する本研究において, 非常に参考になるものである。

Strategy and Origination of Transaction Proposal では M&A の戦略と取引提案の開始についての研究領域を, M&A Activity (M&A の潮流), Cross-Border M&A (クロスボーダー取引), Strategy and the Uses of M&A to Grow or Restructure the Firm (M&A を活用した戦略と企業成長もしくは再生), Acquisition Search and Deal Origination: Some Guiding Principles (買収調査と取引の発生およびその方針) に分けて取りあげている [Bruner (2004), p. 69]。ここでのテーマは, 主に M&A の件数と取引総額をもちいた研究が基軸となっており, M&A の全体的な動向や傾向を分析し, 古くは Thorp (1941) from Nelson から研究がおこなわれている領域である [Bruner (2004), p. 73]。

Diligence, Valuation, and Accounting は, M&A の調査と評価そして会計的な視点からの研究領域である [Bruner (2004), p. 207]。Due diligence (ターゲット企業にたいする評価), Valuing Firms (企業の価値), Valuing Options (選択権の価値), Valuing Synergies (シナジーの価値), Valuing the Firm across Borders (海外企業との関係評価), Valuing the Highly Leveraged Firm, Assessing the Highly Transaction (債務が多い企業の評価と高い取引の査定), Real Options and Their Impact on M&A (現実的な選択権と M&A の影響), Valuing Liquidity and Control (流動性と統制力の評価), Financial Accounting for Mergers and Acquisitions (M&A のための財務会計), Momentum Acquisition Strategies: An Illustration of Why Value Creation is the Best Financial Creation (買収戦略の契機。いかに価値創造できるかは最善に金融創造ができるか次第である) などのテーマがあり, 買い手企業によるターゲット企業の評価や査定方法に関する実務的な研究が多く, 大手監査法人 KPMG の研究報告である Millman and Gray (2000) の事例などが取りあげられている [Bruner (2004), p. 245]。

Design of Detailed Transaction Terms においては, M&A における詳細の取引条件設定を基軸に, An Introduction to Deal Design in M&A (M&A における契約形態の概

説），Choosing the Form of Acquisitive Reorganization（買収再構築の形態選択），Choosing the Form of Payment and Financing（支払と金融の形態選択），Framework for Structuring the Terms of Exchange: Finding the Win-Win Deal（交換取引の条件構築の枠組み。両社にメリットがある条件をみいだすために），Structuring and Valuing Contingent Payments in M&A: Risk Management in M&A（M&Aにおける偶発的債務の枠組みと評価。M&Aにおける危機回避）などのテーマを取りあげている［Bruner (2004), p. 531］。この研究領域は契約や支払の危機回避に焦点が絞られており，Ronald Coase (1937) など半世紀以上前から実務を対象とした研究がおこなわれている［Bruner (2004), p. 532］。

Rules of the Roadでは法律などの規定の指針についての研究領域がサーベイされている［Bruner (2004), p. 685］。Governance, Laws, and Regulations（統制，法律，規制），How a Negotiated Deal Takes Place（問題発生時の協議の方法），Governance in M&A（M&Aと統制），The Board of Directors and Shareholder Voting（取締役委員会と株主投票），Securities Law, Issuance Process, Disclosure, and Insider Trading（法の厳守，訴訟手続き，情報開示，インサイダー取引），Antitrust Law（反トラスト法），Documenting the M&A Deal（M&A契約の公的書面）など，M&Aと行政の関わりについて，1934年のSEC（証券取引委員会）の報告書などが研究されている［Bruner (2004), p. 726］。

Competition, Hostility, and Behavioral Effects in M&Aでは，M&Aにおける競合，敵対，M&Aの効果的な行動などの研究領域を概観している［Bruner (2004), p. 773］。Negotiating the Deal（契約の交渉），Actions in M&A（M&Aにおける行動），Hostile Takeovers（敵対的乗っ取り），Preparing a Bid in Light of Competition and Arbitrage（競売入札価格とアービトラージの準備），Takeover Attack and Defense（乗っ取り攻撃と防御），The Leveraged Restructuring as a Takeover Defense（乗っ取り防衛としてのレバレッジ再構築），The Case of American Standard（米国基準における事例研究）など，敵対的買収の方法やその防衛方法などがテーマとなっており，1980年代に米国で急増した敵対的買収の事例にもとづき，Roll (1986) や Varaiya and Ferris (1987) など多くの研究がおこなわれている［Bruner (2004), p. 777］。

Communication, Integration, and Best Practiceにおいては，M&Aにおける経営者と従業員とのコミュニケーション，統合，最善策の実行を取りあげている［Bruner (2004), p. 879］。研究領域はCommunicating the Deal（契約のコミュニケーション），Gaining Mandates, approvals, and Support（委任状争奪戦，承認，支援），Framework for Post merger Integration（M&A後の統治の枠組み），Corporate Development as a

Strategic Capability（戦略的能力としての企業発展）など比較的新しい分野であり，Ainspan and Dell（2000）により研究が進められている［Bruner（2004），p. 888］。

　以上のとおり，M&A はさまざまな領域で研究がおこなわれてきたが，M&A の経済的シナジー効果について学問上で統一した理論はみいだされていない。本研究の目的は，M&A がもたらす経済的シナジー効果の本質を明らかにすることである。具体的には，The measurement of M&A profitability（M&A による収益の測定方法）における，Findings based on the analysis of returns to shareholders（株価収益の分析）［Bruner（2004），p. 36］，Findings based on the analysis of reported financial performance（財務業績の分析）［Bruner（2004），p. 47］に関する研究をレビューし，M&A の理論と経済的シナジー効果の評価モデルを明らかにする必要がある。

（2）　当時多くの M&A を展開していた株式会社ライブドアの子会社であるライブドア・パートナーズは，2005 年 2 月 8 日に時間外取引でフジテレビの親会社であったニッポン放送の発行済み株式 29.5％を取得し，事実上ライブドアがニッポン放送の筆頭株主となりフジテレビにたいする間接的な支配が成立したかにみえた。しかしながら，フジテレビは防戦の結果ニッポン放送の TOB を成功させ，ライブドアの間接支配を回避した。この一連の騒動は社会的に強い影響力をあたえ，多くの企業では M&A ブームと同時に，M&A 防衛策などが導入される契機となった。

（3）　純負債は会社の総有利子負債から現金・現金同等物を差し引いたもの。

（4）　ただし，少数株主持分は株主価値から除く。少数株主持分は簿価価格であるが，他方，会社総価値と株主価値は時価で評価されるためである。

（5）　本書でいう株主価値は，株主資本とは異なる。簿価にもとづく株主資本では，M&A による株価効果や企業価値を測定する評価理論が迅速に反映されない。そのため，市場評価と時価にもとづく株主価値を評価対象としている。

（6）　本書でいう「買い手企業」とは，M&A をおこなう合併企業および買収企業をいう。他方，本書における「ターゲット企業」とは，M&A の対象である被合併企業および被買収企業をさす。

（7）　経営者の自信過剰理論ともいわれている。

（8）　イベント・スタディは M&A による株主価値への影響を株価効果の視点から超過収益率（Abnormal Return：以下では *AR* という），累積超過収益率（Cumulative Abnormal Return：以下では *CAR* という）などの指標を用いて超過リターン，つまり株価効果の測定をおこなう分析手法である。使用される主なモデルとしては，期待される超過リターンと実際の超過リターンの比較をする資本資産価格モデル（Capital Asset Pricing Model：CAPM），イベントで獲得したリターンと TOPIX など株価動向指数のリターン

を比較する市場モデル，そしてイベントで獲得したリターンとその企業の過去の平均リターンとの比較をおこなう平均収益率調整モデルなどがある。投資収益率データは，当初は月次のデータがもちいられたが，その後は精度向上のため日次のデータがもちいられている。そのうえでパラメーターの残差（Residual）が計算され，この残差がTOPIXなどの株価動向指数だけでは表現できない超過リターンの部分とみなされる。超過リターンの測定対象期間としては，合併が発表されたイベント日を0日として，それ以前をマイナス，以後をプラスとカウントしている。

（9） パフォーマンス・スタディは，ROA，ROEなどの主要な財務指標をもちいて，M&A前後数年間におけるそれらの指標の推移を観察し，M&Aが企業業績にたいしてどのような効果をあたえるかを財務分析の視点から検証する手法である。他にM&A前後のキャッシュフローなどに着目したパフォーマンス・スタディもおこなわれている。

（10） 株価純資産倍率（Price Book-value Ratio）は各年度の決算期末日の株価をもちいて，PBR＝決算月末日株価／決算月末1株当たり純資産で算出している。また1株当り純資産は，資本合計／連結発行株式数（自己株式除く）である。

第1章

M&Aの概念と展開

1 はじめに

　本章の目的は，M&Aの概念を明らかにすることである。近年，M&Aは新聞紙面などで一般的な用語としてもちいられている。しかしながら，M&Aという用語の正確な概念，発端から近年の動向までの展開などを理解しておくことは，本研究を進めるにあたり重要な前提となる。
　第2節においては，会社法にもとづきM&Aの概念を合併と買収に明確に区分する。第3節ではM&Aの歴史について，米国および国内の視点からレビューしてみる。第4節は，M&Aの動向を世界と国内の取引金額などのデータから検証していく。第5節では，本章の要約をおこなう。

2 M&Aの概念

　M&Aの概念を合併と買収に明確に分類したうえで，会社法にもとづき定義してみよう。M&Aという用語は，Mergers（合併）とAcquisitions（買収）というふたつの単語から構成されている。まず合併とは，ふたつ以上の会社がひとつの会社になることを意味している。合併には2種類の方法があり，合併により消滅する会社の権利義務を存続会社にすべて継承させる会社法第2条二十七の吸収合併と，消滅する会社の権利義務をすべて合併により新設する会社に継承する会社法第2条二十八の新設合併[1]がある。
　他方，買収の意味は買い手会社がターゲットの会社もしくは事業を買い取るこ

とである。したがって買収の場合は合併とは異なり，必ずしもM&A後に統合した1社になることを前提とはしていない。買収方法はおおきくふたつに大別され，ひとつは株式取得によるもの，ふたつ目は事業譲渡によるものがある。株式取得による買収の場合は，発行済み株式を取得する方法と新たに発行された株式を取得する方法がある。

発行済み株式の取得は，銀行法および金融商品取引法によって規制されている[2]。新たに発行される株式を取得する場合は，第三者にたいする募集株式の発行いわゆる第三者割当増資が必要となる[3]。事業譲渡による買収は株式の売買や移転ではなく，譲渡会社および譲受会社での取締役会による特別決議の承認で実行することができる。

また，1999年の株式交換および株式移転に関する会社法改正が，国内におけるM&Aを活性化させた要因と考えられていることから［『経済財政白書』(2008)，127ページ］，親子会社の規定である株式交換と株式移転についても取りあげておこう。株式交換とは会社法第2条三十一により，株式会社がその発行済み株式の全部を他の株式会社または合同会社に取得させることをいう。既存の会社は，他

図表 1-1 M&Aの分類

出所：『会社法関係法務省令集 第3版』から筆者作成。

の株式会社と株式交換をすることで他の会社の株式交換完全親会社となる。

株式移転の意味は，会社法第2条三十二により，1または2以上の株式会社がその発行済み株式の全部を新たに設立する株式会社に取得させることをいう。既存の株式会社は子会社となり，新設会社に株式を移転することで株式移転完全親会社を設立することができる。これらの規制緩和が，国内のM&A市場を活性化させたと考えられているのである。

このように，M&Aは会社法にもとづき合併と買収に分類され，それぞれ明確に定義されていることがわかる。本研究においては上記の定義を踏まえたうえで，レコフ社のデータ分類方法に準拠して合併[4]と買収[5]を区分している。

3　M&Aの歴史

M&A先進国である米国の歩みについて，安部・壽永・山口 (2002) をみてみよう。米国のM&Aの波には4つの時期があり，第1の波はJ. P. モルガン商会が活躍した19世紀末から20世紀初頭である。第2の時期は米国がバブルの渦中の1920年代，第3は1960年代におけるパックス・アメリカーナの時代であった。第4の波は米国経済が衰退した80年代から，経済が再生し大型合併や国境を越えた合併が活発となった1990年代である［安部・壽永・山口 (2002), 232-233ページ］。

1882年にロックフェラーのスタンダード・オイル社がトラスト方式[6]による企業合併の先鞭をつけると，他産業においても続々と模倣する企業が出てきた。しかし1890年にシャーマン法[7]が成立し，トラスト方式での合併は不可能となる。そのとき登場したのが1889年の持株会社を認めた修正会社法である[8]。以降，持株会社を利用した合併によりジェネラル・エレクトリック社やUSスティールなどの大企業が成立した。ほとんどの場合は同一産業でおこなわれる水平合併であり，規模の経済を目的としたものであった。第1次合併ブームは急激に進展したが，1902年以降急速に衰え，1920年代まで回復しなかった。第2次産業革命が一段落したこともあるが，シャーマン法やクレイトン法[9]により高い

市場シェアは違法判決を受ける可能性があり，合併は人気がなくなってしまったのである［安部・壽永・山口（2002），234-238ページ］。

　1920年代の合併の特徴は，トップ企業ではなくシェア第2位以下の企業が合併を推し進めた点にある。シェアの増大よりも経営の合理化による高収益を確保しようとした。食品産業ではナショナル・デアリー社が340もの企業を買収するなど，消費財産業で宣伝や流通の強化のための合併が活発化した。また，公共事業部門と新興投資銀行の合併が隆盛をきわめたことも，1920年代の合併の重要な特徴である。その結果，独占ではなく寡占的構造への傾向が強くなった。1920年代の合併は1929年にピークを迎えるが，大恐慌を経て再び合併は長い沈滞の時期に入っていく［安部・壽永・山口（2002），238-242ページ］。

　1950年にセラー・キーフォーヴァー法[10]が成立し，水平合併や垂直統合への規制がいっそう強まった。しかし異業種間の持株会社はセラー・キーフォーヴァー法の対象外であったため，1960年代に企業は独占禁止法回避のためコングロマリット型合併[11]を選好する。コングロマリットは，主に財務的観点から企業の合併・買収あるいは事業分割をおこない，株価や利益を極大化することができる［安部・壽永・山口（2002），242-245ページ］。

　1960年代のブームの後，1970年代半ばに合併件数は半減した。しかし再び合併は活発化し，1980年代には3,000件，1990年代には1万件を超えるまで激増した。この隆盛は，TOB[12]，LBO[13]といった合併手法の開発によるところも大きい。1980年代の合併ブームの担い手は，コールバーグ・クラヴィス・ロバーツ社（KKR）であった。KKRは続々とLBOを成功させ，1976年から1982年にかけて約5億ドルの資金力を持ち，約15億ドルの利益をあげた。LBOによるM&Aは会社の資産が切り売りされ，M&Aを手がける金融業者だけが法外な報酬を得るという批判的な意見が根強いが，今後も産業を問わずM&Aは進展していくだろう［安部・壽永・山口（2002），245-250ページ］。

　このように，米国では19世紀から現代にいたるまで，M&Aが盛んにおこなわれてきたことがわかる。米国の企業経営者は，それぞれの時代に呼応しながら経済的なシナジー効果を追求し，M&Aを積極的に展開してきたのである。

他方，国内における M&A の歴史をみてみる。宮島 (2006) は，戦前の国内 M&A を 1900 年から 1914 年，1920 年代前半，1930 年代半ばの 3 つの波に分けて検証している。わが国の企業勃興は，松方デフレ収束後の 1885 年から日清戦争前後の 1890 年半ばと続くが，この企業勃興のあとの 1900 年から 1914 年の不況期に小さな合併の波動が現れた。その中心は繊維，食品，紙・パルプなどの産業である。たとえば鐘紡などの大紡績企業は，不況期に買収を重ねることによって企業規模を拡大し，合併の経済効果は主要な原料である綿花取引のロット拡大や，共通経費の縮小にあった [宮島 (2006)，11 ページ]。

1920 年代前半の M&A は 3 つのタイプからなる。ひとつは，電力業における合併であり，発電設備の拡大と電力系統の整備は，発電費用の削減をもたらした。大型の合併買収では株式交換の合併が多く，小型の買収では社債の発行による現金買収が中心であった。ふたつ目は，参入障壁が低く過当競争に繋がる傾向の高い産業，たとえばセメントや人造肥料などの価格安定を動機とした M&A である。これらの産業ではしばしば価格カルテルが形成されたが，カルテルの拘束力は弱かった。そのため上位企業は非協調的な企業を買収した。第 3 は，金融恐慌で過剰設備・過剰債務の顕在化した企業の，事業再組織化を動機とした M&A である。代表的な事例として，大戦期に急拡大した鈴木商店の破綻と傘下企業の再組織化がある。破綻した鈴木商店の傘下企業は財閥系企業によって買収され，日本製粉は三井物産の子会社，クロード窒素は三井鉱山に買収されることによって再生した [宮島 (2006)，12-13 ページ]。

戦前における国内 M&A のピークは，1930 年代であった。この時期の M&A は，規模の経済性の実現を目的とする大型合併である。1934 年には官営八幡製鉄所と 6 つの民間企業が合併して日本製鉄が設立され，製紙では王子製紙・富士製紙・樺太製紙の合併，ビールは大日本麦酒と日本麦酒鉱泉の統合が実現された。いずれのケースも合併後に生産性の上昇が進展したことから，これらの M&A は組織効率を引き上げたと評価することができる。また，1930 年代は財閥傘下企業の再編も進展した。1934 年に三菱造船と三菱航空機が合併して三菱重工が成立，同年に住友鋳鋼所と住友伸銅の合併により住友金属が設立した。さ

らに，この時期は買い手企業が自社または傘下企業の高株価を利用するM&Aが進展した時期でもあった。1928年に久原鉱業は公開持株会社日本産業と日本鉱業に再編成された。日本産業は，日本鉱業の高収益を背景に同社の株価が上昇した1934年以降，傘下企業である日本鉱業と日立製作所の株式公開など積極的なM&A戦略をとり，日産コンツェルンを形成した。このM&Aの特徴は，リスクの分散を明確な目的として，水産業・石炭化学・金融などの分野へコングロマリット戦略をとった点にある［宮島（2006），13-14ページ］。

第2次世界大戦からGHQ指令下の占領期には，M&Aに関する企業の意思決定は大きく制約された。戦時期は，原料供給制約のため合併が促進され，戦前60数社あった企業は10社に集約された。銀行業は一県一行主義に基づいて集約化が進められ，1931年に683行あった普通銀行は45年には61行まで減少する。財閥系企業は買収を積極的に展開し，その一般集中[14]は1937年の12％から敗戦時には25％まで上昇した。しかしながら，戦後改革では過度経済力集中排除政策により，50社以上の企業で大規模な分割と営業譲渡が実施された。一転して企業組織は分割の時代を迎える［宮島（2006），14-15ページ］。

1950年代半ばの高度成長期から第2次石油ショック後の1980年代まで，M&Aは日本企業の間では低調であった。1950年代には占領期に分割された企業の再合併が進展し，戦前に分割されていた三菱3重工の再統合が実現する。さらに1960年代後半には，日産とプリンスの合併，トヨタと日野の提携，1969年には新日本製鉄が成立した。しかしながら，上場企業間の合併は年平均件数で1956-64年に4.2件，1965-73年で5.2件にとどまっている。1970年代に入ると上場企業数の増加にもかかわらず，1974-82年では1.8件，1983-91年では2.3件であった[15]［宮島（2006），15－17ページ］。

1980年代後半には，日本企業による海外企業のM&Aが始まった。件数ベースでみると日本企業による海外企業の買収は1985年の100件前後から，1990年には500件を超えてピークに達する。松下のMCA買収は7,800億円，ソニーのコロンビアピクチャーズは6,400億円など大型買収が集中した。そしてM&Aは，1990年代末から急速な増加を示すこととなる。長期不況による設備過剰が

シナジーの動機となり，規制緩和と技術革新も M&A を増加させた。また，持株会社の解禁は，既存企業の上に新たに持株会社を設立することを可能とした。近年の製造業・金融部門の大型合併の実現は，この制度変更なしには不可能であった。さらに 1999 年の株式交換の導入は，買収の急増の条件となったのである［宮島（2006），17-20 ページ］。

このように国内で M&A が本格的に活発化したのは，1990 年代後半からであることがわかる。とくに 1999 年に導入された会社法改正による株式交換および株式移転制度は，国内の M&A を飛躍的に進展させた。国内における M&A が 1999 年以降に急増していることは，データ[16]からも明らかである。

4　M&Aの動向

M&A を，世界および国内の動向から検証してみよう。図表 1-2 をみると，世界の M&A 取引総額は 1990 年代中半から 2000 年まで急激に増加し続けていることがわかる。その後の取引総額は 2001 年を境に下降するが，2003 年から再び上昇し 2006 年には取引総額 40,000 億ドルに迫る勢いで過去最高額を更新して

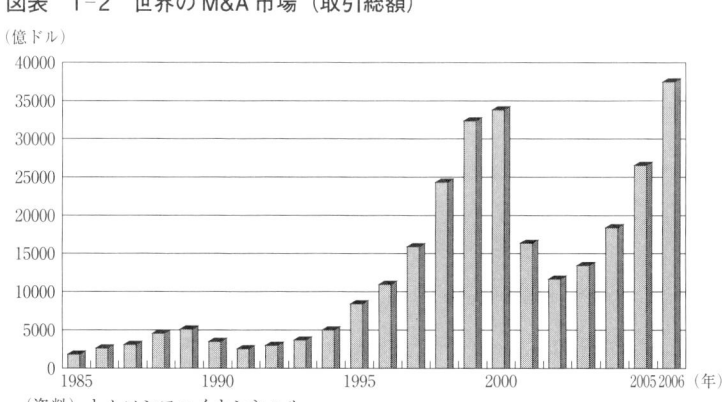

図表 1-2　世界の M&A 市場（取引総額）

（資料）トムソンファイナンシャル
出所：『世界統計白書』(2008)，102 ページ。

18　第1章　M&Aの概念と展開

図表　1-3　世界各国のクロスボーダーM&A

▶ 海外→国内（海外企業による自国企業へのM&A額）

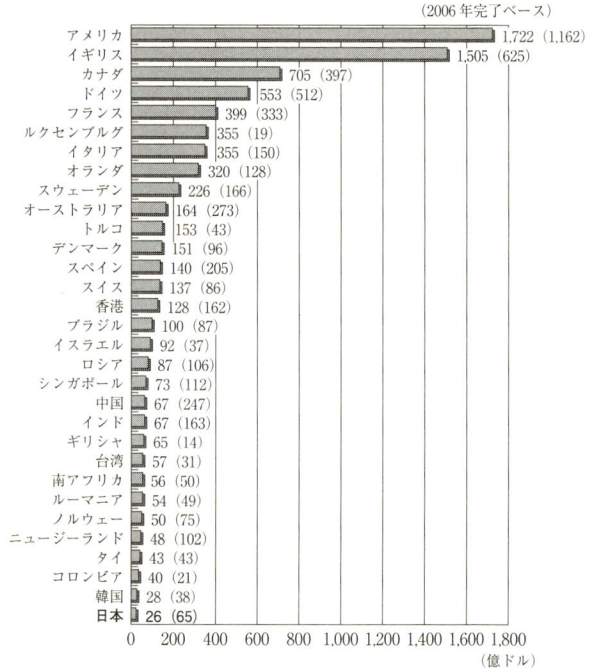

※（　）内数字はクロスボーダーM&A件数
(出典) UNCTAD「World Investment Report 2007」
出所：『世界統計白書』(2008), 103ページ。

いる［『世界統計白書』(2008), 102ページ］。

　世界的にM&Aが隆盛となっている要因を特定するため, M&Aを2006年度のクロスボーダー取引[17]の視点から検証してみよう。図表1-3および図表1-4をみると, 海外企業による自国企業へのM&Aの取引総額, 自国企業による海外企業にたいするM&A取引総額の双方において, 米国が突出して高いことがわかる［『世界統計白書』(2008), 104ページ］。このデータは, 世界のM&Aが米国の資金を中心に取引されていることの証左といえる。

　しかしながら, 2008年に表出したサブプライム問題[18]と同年9月のリーマ

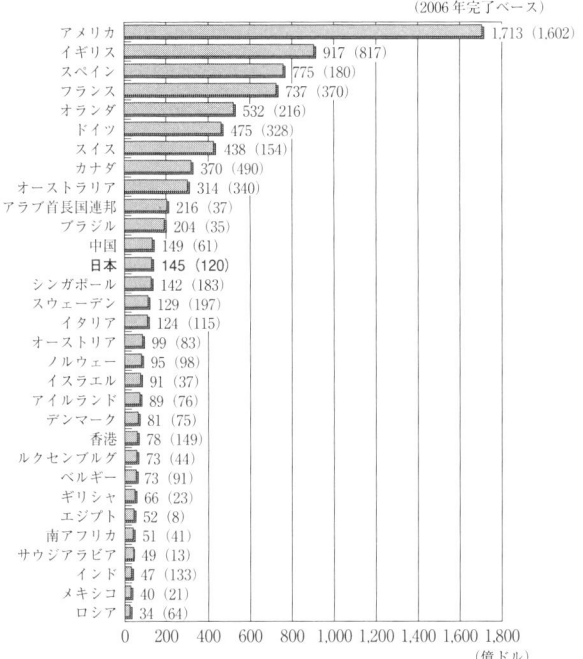

図表 1-4 世界各国のクロスボーダーM&A

ン・ショック[19]が震源となった世界同時不況から，今後なにかしら負の影響がM&Aに生じることが懸念される。英国調査会社ディール・ロジックの集計では，2008年の世界におけるM&Aの総額は32,800億ドルと前年比29％減少し，件数でも9％減の37,400件と5年ぶりに低減したことを報告している。また，ファンドによる買収は2007年では全体の14％を占めていたが2008年には6％へ急低下し，中止および延期案件は1,309件と過去最高となった[『世界経済・貿易・産業年表』(2009), 13ページ]。

他方，国内のM&Aに目を向けてみよう。図表1-5から1999年には年間

図表　1-5　国内 M&A の件数推移

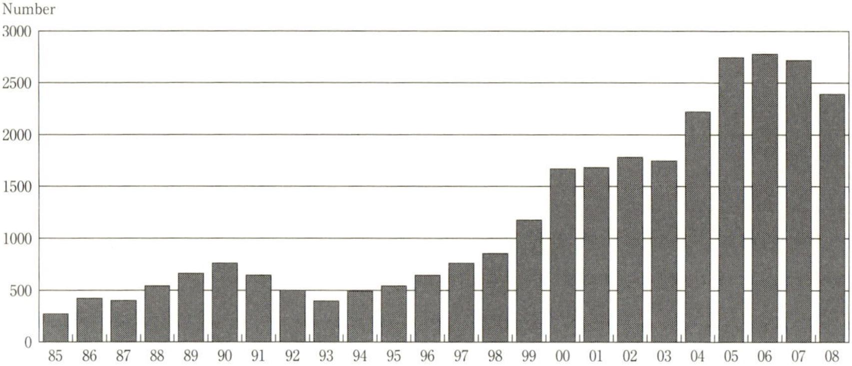

Number

出所：レコフデータ「Mar. 2009 NEWS LETTER」, 3ページ。

　1,000件程度であった国内のM&Aは，2005年には年間約3,000件にまで急増していることがわかる［レコフ (2009), 3ページ］。とくに1999年を境に，M&Aの件数は著しく増加している。1997年の純粋持株会社解禁と1999年の株式交換および株式移転の導入による会社法改正が，国内におけるM&Aの増加に大きな影響をあたえていることがわかる［『経済財政白書』(2008), 127ページ］[20]。

　ただし，世界的な不況と同期するように2008年の国内のM&Aは2,399件となり，前年比11％の減少となっている。さらに図表1-6で示されているように，日本の2009年のGDPは2008年より悪化する見通しである。国内のM&Aの取引金額はGDP比で2-3％であることから，2009年のGDPの低下と比例してM&A件数が低迷することが予測される［『世界経済・貿易・産業年表　2008年版』(2009), 9ページ］。

　『経済財政白書』(2008) では，国内のM&Aを取り巻く環境について言及している。国内におけるM&Aは1999年以降に増加しているが，M&Aの取引金額は米国のGDP比10.7％にたいして日本はわずか2-3％であり，国際的に比較してきわめて低水準であることを指摘している［『経済財政白書』(2008), 128ページ］。

　国内でM&Aが活性化しない主な要因として，国内企業のM&Aにたいする消極的な姿勢がある［『経済財政白書』(2008), 129ページ］。国内では全般的にM&A

figure 1-6 OECDの経済見通し（GDPの前年比実質増減率　%）

国・地域		2008年	2009年	2010年
先進国	日本	0.5	△0.1	0.6
	米国	1.4	△0.9	1.6
	ユーロ圏	1.0	△0.6	1.2
	OECD全体	1.4	△0.4	1.5
新興国	中国	9.5	8.0	9.2
	インド	7.0	7.3	8.3
	ロシア	6.5	2.3	5.6
	ブラジル	5.3	3.0	4.5

(注) △はマイナス。
出所：『世界経済・貿易・産業年表　2008年版』，9ページ。

を回避する傾向にあり，外資系または国内企業による敵対的M&A[21]において70％以上の企業が買収対象となることを回避したいというアンケートの回答がある［『経済財政白書』(2008)，129ページ][22]。たとえ友好的なM&Aであったとしても，買い手が外資系の場合は45％，国内企業のときは30％の企業が買収対象から回避すると回答している［『経済財政白書』(2008)，129ページ][23]。

　本節の検証を踏まえ，今後のM&Aにおける動向は以下のとおり予測することができよう。ひとつは，今後数年間のM&A市場は，世界的不況の煽りを受け低迷が予測されることである。その反面，このような厳しい時節であるからこそ，継続企業たる社運をかけた企業同士がM&Aを活発化させる可能性は高い。生き残りをかけた企業同士が，あくなき経済的シナジー効果を追求し，従前の常識では考えられないダイナミックなM&Aを展開していくのである。

　ふたつ目は，国内のM&A市場の本格的な開放である。国内におけるM&A市場はいまだ閉鎖的な市場であり，グローバリズムのなかで世界標準にみあうM&A市場に構築する必要がある。そのためには，M&Aの経済的シナジー効果にたいする正しい認識が不可欠である。M&Aにおいては後発的な風土のなかで，国内のM&A市場が世界標準のM&A市場を適切に形成していくために，

実務家と研究者のM&Aにたいする正しい見識が欠かせない。したがって，100年に1度の大不況といわれるいまこそ[24]，「M&Aは割に合うか否か」というM&Aの本質を見極める研究はきわめて重要な意味をもつのである。

5 むすび

　本章の目的は，M&Aの概念を明らかにすることであった。本研究を進めるにあたり，M&Aの概念の正確な理解はきわめて重要である。第2節では，M&Aの概念を会社法の視点から，合併と買収に明確に区分することができた。M&Aは新聞紙面などで一般的なひとつの用語としてもちいられているが，合併と買収の定義はまったく別の概念であることがわかる。

　第3節は，米国および国内におけるM&Aの歴史を概観した。米国では19世紀末に第1次M&Aブームが起こり，その後も水平統合と垂直統合，TOB，コングロマリットからLBOまで，100年間にわたり積極的にM&Aの歴史を歩んできたことがわかる。他方で国内のM&Aは，戦前の財閥中心の企業形態と戦後の財閥解体，その後の再編など政府の方針と財閥系企業を中心とした離合集散の歴史であった。このような経緯から，米国とは異なり国内ではM&Aが普及しづらい市場であったことが理解できる。ただし，1999年の会社法改正により，国内におけるM&A市場は増加の一途をたどりはじめている。

　第4節では，世界および国内におけるM&Aの動向を検証した。世界のM&A取引総額は1990年代から増加し，2006年には取引総額40,000億ドルに迫る過去最高額を更新している。世界のクロスボーダー取引をみると，米国の潤沢な資金から世界的にM&Aが拡大してきたことがわかる。しかしながら，2008年に生じた世界同時不況以降，M&Aの減少が懸念される。他方で国内のM&Aは，1996年までは年間1,000件程度の消極的な市場であった。しかしながら，1997年の会社法改正によりM&A市場は自由度を増し，2007年には年間約3,000件にまで拡大している。ただし，この市場規模でも世界と比較すれば依然として小さく，国内のM&Aは低調であることがわかる。さらに，世界的な不況と同期

して2008年の国内M&Aは2,399件となり，前年比11％の減少となっていることがわかった。

　本章では，M&Aの概念を明らかにすることができた。本章の検証から，M&Aは近年において急進に展開しており，M&Aという用語がひとり歩きしている感も否めない。このような状況のなかで，M&Aという用語を合併と買収に明確に区分し，さらに歴史と動向という視野からM&Aの正確な姿を捉えたことには意義がある。本章の定義にもとづき，次章以降の研究を進めていく。

〔注〕
（1）　ただし新設合併は，合併当事者が従前取得していた官庁の営業認可が新設会社に継承されないことや，新設会社は新たに上場の手続きを取らなければならないことなどもあり，実務ではあまりもちいられることは少ない制度となっている。
（2）　たとえば金融商品取引法第27条二十三では，発行済み5％を超えた株式を保有する場合その事実を内閣総理大臣に届けなければならず，銀行およびその子会社にいたっては5％を超える株式を保有できないことが銀行法第16条三で規定されている。また独占禁止法第10条では，一定の株式取得の場合は，公正取引委員会に株式所有報告書を提出しなければならない。さらに上場株式の株式市場内外での取引は，原則として公開買付しなければならないことが金融商品取引法第27条二で決められている。
（3）　ただし払込金額が時価と比較して有利な価格で発行する際には，株主総会での特別議決の採決が会社法第199条2および3などで定められている。
（4）　合併の分類には，ふたつ以上の会社が合併契約で1社になること，株式移転もしくは持株会社により共同持株会社をつくり統合すること，株式交換・持株会社により株式交換に先立ちA社が会社分割を使って持株会社となり，その持株会社がB社と株式交換をおこなう統合が含まれている。
（5）　買収の分類は50％超の株式の取得のことをいい，TOBも買収に含まれる。また，50％以下でも経営を支配（会社法第2条三参照），増資の引き受け，株式取得，株式交換をしている場合を含む。会社分割の結果，分割会社が承継会社の親会社になる場合，合併の結果消滅会社の親会社が存続会社の親会社となる場合も買収とみなしている。
（6）　トラストとは，資本独占の企業形態を意味する。自由経済のなかで資本の独占が進展すると，かえって自由経済が機能しなくなる。そのため，反トラスト法が制定された。
（7）　シャーマン法とは，1890年に米国で制定された最初の反トラスト法のこと。取引制限

を禁じる第1条と，資本の独占を禁じる第2条から成る。
(8) ニュージャージー州で施行された法律。
(9) クレイトン法とは，1914年に米国で成立した独禁法をさらに強化した法律をさす。違法な合併をおこなった私人にたいしても効力をもち，実質的な資本の独占も禁じた。
(10) クレイトン法第7条の修正法の呼び名。
(11) コングロマリットとは，異業種企業の集団による企業形態を意味する。コングロマリット化は，多角化と同義語である。
(12) TOB (Takeover bid) とは，株式公開買付のこと。株式買付の期間，株数，価格を公表した後，株式市場外で株式の買付をおこなう。
(13) LBO (Leveraged buyout) とは，買収先の資産やキャッシュフローを担保とした，借金による買収をいう。
(14) 払込資本金／全国払込資本金合計で算出される。
(15) この時代にM&Aが少ない理由は，第1に独占禁止法が比較的厳格に運用され，水平的合併を抑制していたことである。第2に，戦後の日本企業が長期雇用システムを基盤に特殊的熟練を蓄積しながら成長を実現して来たために，企業文化の異なる2社の合併には大きなコストがともなった。第3に，成長部門を担った企業はいずれも6大銀行と密接な関係をもち，ある企業が系列を超えて別の企業の合併や買収を試みることはターゲット企業のメインバンクの同意が容易に得られないためであったことなどである［宮島（2006），15-17ページ］。
(16) 『経済財政白書』(2008)，127ページのグラフをみると，1999年以降の国内M&Aが急増していることがわかる。
(17) クロスボーダーM&Aとはたとえば国内企業が海外企業を買収するような事例，すなわち国境を越えるM&A取引のことをいう。
(18) 住宅ローンにおいて，信用保証が十分ではない債務者への融資をサブプライム・ローンとよぶ。サブプライム・ローンは信用問題が懸念されていたが，2007年に入りサブプライム・ローン返済の延滞問題が表出化した。同時にサブプライム・ローンを組み入れた債務担保証券（CDO）までも信用保証が低下し，世界中の金融機関で信用収縮が発生した。
(19) 米国の大手投資銀行および証券会社であるリーマン・ブラザーズが破綻したことは，金融立国である米国の屋台骨を崩壊させる契機となり世界経済を震撼させた。
(20) 内閣府『経済財政白書』(2008)では日本のM&Aが増加した主な要因として，1997年の純粋持株会社解禁，合併法制改善，1999年の会社法改正による株式交換，株式移転をあげている。

(21) 敵対的買収とは，買い手がターゲット企業の同意なしで買収を仕掛けることをいう。日本の金融商品取引法では，有価証券報告書の提出義務のある会社の株式を，買付けにより株券等所有割合が3分の1を超える場合には公開買付（TOB）によらなければならないとしている。

(22) 内閣府「企業のリスクへの対応力についてのアンケート調査」（2008）にもとづく。

(23) 企業間の株式持合いが存在していることも，M&Aの促進を阻害する要因として取りあげている。持ち株比率が高い伝統的な日本型とよばれる企業やオーナー企業が，M&Aを回避する意識が高いことがアンケートにより明らかにされている。さらに国内のベンチャーキャピタルは金融機関系が全体の60％と多くを占めており，一般に金融機関系の子会社ではベンチャー投資の専門的能力をもつキャピタリストが育たない環境も指摘している。

(24) 前米国連邦準備制度（FRB）のグリーンスパン議長は，サブプライム問題を発端とした米国発の金融不況を，「100年に1度の不況」と表現した。

第2章

M&Aの動機と理論

1 はじめに

　本章では，企業がどのような理由でM&Aをおこなうのか，その主要な動機と理論を考察する。M&Aの動機と理論は，多くの経営学書において取りあげられているが，その内容は文献により多様であり，ばらついている。本章では，主要な文献で取りあげられているM&Aの動機と理論を仕分けし，体系的に分類していく。

　第2節では，一般的な文献においてM&Aの動機と理論がどのように取りあげられているかを調査し，M&Aの動機と理論の体系を整理する。第3節においては，M&Aのシナジー効果を前提とするシナジー理論を取りあげる。他方，第4節ではM&Aのシナジー効果を否定する，経営者の傲慢理論について考察する。そのうえで，シナジー理論と経営者の傲慢理論，ふたつの理論の争点を明らかにする。第5節は本章の要約をおこなう。

2 動機と理論の体系

　一般的な経営学の文献をみると，M&Aのもっとも主要な動機として取りあげられているのが，シナジー理論である。シナジー理論とは，経済的シナジー効果を目的としたM&Aの動機が概念化された理論である。まず，著名な経営学の文献[1]において，どのようなM&Aの動機と理論が取りあげられているのかをみてみよう[2]。

Brealey, Myers and Allen (2007) では，6つの主要な M&A の動機が明らかにされている。同業種による水平的合併が，大きな競争力をもたらす「規模の経済」。原材料の生産から，最終的な消費者における生産工程の事業を拡大する「垂直的統合の経済」。事業の成功のためには，合併によりお互いの経営資源を有効に利用できる「補完的な資源」。手元流動性が過剰気味だが，良い投資機会に恵まれていない企業が資本を移動するためにおこなう「余剰資金」。問題のある経営陣を排除するためにおこなわれる「非効率性の排除」。企業数が過大または生産能力が過剰な産業において，経営効率を改善する方法としての「産業における統合」，これら6つの動機である [Brealey, R et al.(2007), p. 427]。

Palepu, Healy and Bernard (2001) は，新しい価値を生みだす形態として M&A の動機を6つ取りあげている。別々の企業でいるよりも，合併したほうが研究開発や資金調達が効率的とする「規模の経済」。産業平均を下回っている企業の経営を救済するためにおこなわれる「経営改善」。買収により，経営資源を結合させることができる「補完的な資源」。買収により，被買収企業の繰越欠損金を有効に活用することができる「税制上の利益の獲得」。買収者が安定的な資金源を提供する財務的制約が強い，被買収企業にたいする低コストな「資金の提供」。同業種企業の合併により，生産数量の制限と価格を統制することができる「生産物市場のレントの拡大」[3]。これら6つが M&A の主要な動機であると説明している [Palepu, K. G. et al.(2001), p. 400]。

Barney (2003) は Jensen and Ruback (1983)[4]を参照したうえで，経済価値を高めるための M&A の動機を分類している。「企業存続の確保」，「フリーキャッシュフローの視点」，株主と経営者の間に利害調整に着目した「エージェンシー問題」，買収企業の価値が被買収企業へ移転してしまう「経営者の傲慢」，「標準を上回る利益を得られる可能性」，以上5つの動機である。[Jay B. Barney (2003), p. 177]。

FTC[5]では，業界内の集中度を高めるための M&A として，つぎの動機を取りあげている。供給者や顧客を買収するための「垂直型合併」。競合企業を買収するための「水平型合併」。既存製品の補完可能な製品ラインを獲得するための

「製品拡大型合併」。M&Aによって新たな市場を獲得できる「市場拡大型合併」。入札企業と被買収企業の間に戦略的関連性のない「コングロマリット型合併」。以上5つである。

その他の動機として，Jensen (1988) は「外部モニタリング」[Jensen (1988), p. 45-46]，井上・加藤 (2006) では「救済型 M&A」[井上・加藤 (2006), 140ページ] などが取りあげられている。

これらを概観すると，M&Aの主要な動機として取りあげられている項目は文献によってさまざまであり，体系的に整理されていないことがわかる。そこで本研究では，M&Aの動機と理論を以下のとおり仕分けすることにした。規模の経済，垂直統合の経済，水平型合併，補完的な資源，生産物市場のレント拡大，製品と市場の拡大，産業の統合，節税や余剰資金の有効活用，エージェンシー・コストの低減，コングロマリットの10項目については，M&Aが経済的な価値を創出するシナジー理論に属する動機に分類することができる。

非効率な経営者の排除，外部モニタリング，救済型M&Aの3項目は，シナジー理論から派生した経営改善仮説に位置付けられる。事業関連性が強いM&Aを研究している水平型合併は，シナジー理論から分派する水平仮説に区分した。

他方 Jay B. Barney (2003) らがM&Aの理論として取りあげた経営者の傲慢は，多くの先行研究のなかで主要なM&Aの理論として認識されている。経営者の傲慢理論は，M&Aには経済的なシナジー理論が存在しないと主張する，シナジー理論とは相反する概念である [Roll (1986), p. 213][6]。したがって，経営者の傲慢理論はシナジー理論と対立する理論として明確に区別する必要がある。

以上のようにM&Aの動機と理論を体系的に整理したうえで，それぞれの理論を考察していく。分類された体系は，以下のとおり表すことができる。また，それぞれの動機と理論について，主要なこれまでの研究を図表に示してある。

図表 2-1　M&Aの動機と理論

シナジー理論
■M&Aは経済的な価値を創出する
- 規模の経済
- 垂直統合の経済
- 水平型合併
- 補完的な資源
- 生産物市場のレント拡大
- 製品と市場の拡大
- 産業の統合
- 節税や余剰資金の有効活用
- エージェンシー・コストの低減
- コングロマリット（多角化/非水平）

Jensen and Ruback（1983）
Jarrell, Brickley and Netter（1988）
Bradley, Desai and Kim（1988）
Andrade, Mitchell and Stafford（2001）
Shleifer and Vishny（2003）
Rhodes-Kropt, Robinson, and Viswanathan（2005）

経営改善仮説
■経営者の規律付けを研究
- 非効率な経営者の排除
- 外部モニタリング
- 救済型M&A

Jensen（1988）
Lang, Stulz and Walking（1989）
薄井（2001）

水平仮説
■事業関連性が強いM&Aを研究

Eckbo（1983）
Eckbo and Wier（1985）
Morck, Shleifer, and Vishny（1990）
Shahrur（2005）

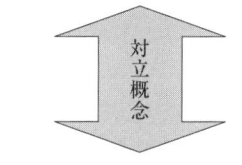

↕ 対立概念

経営者の傲慢理論
■M&Aの経済的な価値創出はゼロ
- 自信過剰（傲慢）な経営者による買収価額見積の間違

Roll（1986）

価値移転仮説
■買い手の利益がターゲットへ移転
- 高買収プレミアムのとき低株価収益
- コンテスト型による買収価額高騰

Shleiferard and Vishny（1988）
Malmendier and Tate（2004）
Aktas, Bodt, and Roll（2005）
加藤・井上（2006）

＊参考文献として1980年以降の主要な先行研究を表記した。

出所：本章より筆者作成。

3 シナジー理論

本節の目的は，これまでの主要な研究をもちいて M&A のシナジー理論を検証することである。また，シナジー理論から派生したふたつの仮説のサーベイもおこなう。

Jensen and Ruback (1983) は，1960 年代から 1980 年代までにおこなわれた M&A について，CAR をもちいて検証した主要な研究をレビューしている。その結果，M&A はプラスの CAR を生む活動であること，買い手企業と比較してターゲット企業に多くのプラスの CAR が生じること，買い手企業の CAR はほぼゼロに近いが買い手企業の利益は毀損されていないことが明らかにされた。これらのことから，M&A にはシナジー理論が認められると結論付けている [Jensen and Ruback (1983), p. 47][7]。

Bradley, Desai and Kim (1988) では，1963 年から 1984 年の間に成功した株式公開買付を検証し，買い手企業とターゲット企業の CAR 合計はプラスであることが明らかにされている。また，シナジー理論を構成する要素として M&A による需要と供給の変化，技術的なイノベーション，規模の経済，生産技術の向上，補完的な資源の組み合わせ，労働力の配置転換，市場支配力の強化という動機を取りあげている。これらの動機は，M&A が経済的な相乗効果をもたらすシナジー理論が源泉であると論じている [Bradley et al. (1988), p. 4][8]。

シナジー理論から派生した主要な動機のひとつに，経営改善仮説がある。Mann (1965) は外部投資家による M&A がターゲット企業の経営者を規律し，その結果として経営を改善させるという仮説を立てた [Mann (1965), p. 119]。ただし，経営改善仮説は効率を追及するためにシナジー理論から派生した概念であり，規模の経済や範囲の経済などの量的なシナジーを目的とする動機ではない。経営改善仮説とは，ターゲット企業における非効率な経営者の排除と経営の改善，M&A による外部からの経営者にたいするモニタリングの強化など，経営者を規律付けるためにおこなわれる M&A をさす。

Lang, Stulz and Walking (1989) は，経営効率を示す経営指標である Tobin の q[9]をもちいて経営改善仮説を検証している。買い手企業で Tobin の q が低い場合，M&A は株主価値を毀損させること，ターゲット企業の Tobin の q が低い場合は買い手企業の株主価値を増加させることを明らかにした [Lang et al. (1989), p. 152]。薄井 (2001) も Tobin の q をもちいて同様の研究をおこなっており，Lang, Stulz and Walking (1989) の結果を支持している [薄井 (2001), 100 ページ]。

経営改善のために，外部モニタリングの必要性を説いたのは Jensen (1988) である。Jensen (1988) は，株主価値を損なう可能性のある非水平型 M&A は経営者の欲求をみたすためのものであり，非効率的な経営者には外部モニタリングが必要であると論じた。また LBO は一部の株主に資本が集中するため，一定の権限を有する株主による経営者のモニタリングが可能となることを明らかにしている [Jensen (1988), p. 45-46]。

井上・加藤 (2006) は，ターゲット企業の経営改善を動機とする，救済型 M&A に着目した。既存のターゲット企業における非効率な経営者を一掃する場合，救済型 M&A は有効な手段となる。実証の結果，有意ではないが救済型 M&A の CAR は買い手企業がマイナス，ターゲット企業はプラスであった。他方，非救済型 M&A では買い手企業およびターゲット企業双方において，CAR は有意のプラスとなることを確認している [井上・加藤 (2006), 140 ページ]。

ふたつ目の主要な仮説として，事業関連性が高い企業間で M&A をおこなう水平型合併仮説がある。水平型合併に着目して実証研究をおこない，水平仮説を論じているのは Eckbo (1983) である。Eckbo (1983) は 1963 年から 1978 年までの水平型合併について検証をおこない，同業種における水平型合併は製品と市場を拡大させ企業の競争力を高め，合併企業だけではなく同業種全体の CAR も高めていることを明らかにしている。この検証で，プラスの株価効果の要因は，水平型合併による同業者との談合や競争制限の結果ではないことが示された。また，水平型合併は反トラスト法の温床ではなく，同業種における競争的行為を阻害する要因にはならないことも指摘している [Eckbo (1983), p. 268]。同様に，

Morck, Shleifer, and Vishny (1990) も事業関連性の高い水平仮説は，事業関連性の低い非水平型合併よりも *CAR* が高いことを確認している [Morck et al. (1990), p. 47]。

その他シナジー理論から派生した仮説として，買い手企業の経営資源を有効的に活用するために業績不振会社を買収する業績仮説 [小本 (2002), 8ページ]，Slovin and Sushka (1998) の関連会社間による M&A は親会社の *CAR* がプラスとなる資本関係仮説などをみいだすことができる [Slovin and Sushka (1998), p. 277]。しかしながら，これらの研究は実証事例が少なく，本研究では主要な仮説として取りあげていない。今後において，研究の発展が期待される領域といえよう。

4　経営者の傲慢理論

本節の目的は，M&A に経済的シナジー効果はなく，買い手企業の株主価値を損なうだけとする，Roll (1986) による経営者の傲慢理論を検証することである [Roll (1986), p. 213]。また，経営者の傲慢理論を実証する価値移転仮説をサーベイすることで，経営者の傲慢理論をより深く考察していく。

Roll (1986) による経営者の傲慢理論の起点は，Jensen and Ruback (1983) のなかで述べられている「M&A は総じて利益を創出する活動であり，ターゲット企業の株主は恩恵を受ける。他方で買い手企業の株主の利益は低いが，買い手企業の利益が毀損されているわけではない」[Jensen and Ruback (1983), p. 47] にたいする反証である [Roll (1986), p. 198]。Roll (1986) は，この Jensen and Ruback の論証を強く否定し，M&A は買い手企業がターゲット企業を割高に買収してしまうため，買い手企業の価値はプレミアムとしてターゲット企業に移転すると論じた [Roll (1986), p. 198]。

Roll (1986) は経営者の傲慢理論が適切な仮説である根拠として，いくつかの理由をあげている。ひとつは，シナジー理論を支持する研究の論拠が乏しいことである。シナジー理論を肯定する研究では，買い手企業の株価超過利益は低いが

ターゲット企業では高いため，M&A がもたらす経済的シナジー効果の総和はプラスであると論じている。しかしながら，いくつかの研究では同じデータを取りあげているにも関わらず，実証結果に誤差が生じている。このような実証方法の脆弱さから，M&A が買い手企業とターゲット企業に利益をもたらしているという結果そのものを疑うべきである［Roll（1986），p. 213］。

　ふたつ目は，買い手企業とターゲット企業の企業規模の差という問題である。M&A はほとんどの場合で，ターゲット企業よりも買い手企業の企業規模が大きいため，ターゲット企業にくらべて買い手企業の *CAR* が小さいことは当然の結果といえる。また，買い手企業は買収する側の当事者であり，事前の株主にたいする内部情報の伝達の可能性を含め，ターゲット企業の株主にくらべて買収時の反響が株価に強く影響しづらいと推定した［Roll（1986），p. 213］。

　さらに，市場の非効率性が買い手企業とターゲット企業の利益の差異を生むことを指摘した。経営者を自信過剰にさせ傲慢にしてしまう要因として，非効率な株式市場において，買い手企業の株価が高く評価されすぎている要因を取りあげている。そのような不完全な株式市場の環境のなかで，仮に買い手企業が高額な買収価格で M&A の申し入れをおこなうとしたら，買い手企業の株価は下がり，ターゲット企業の株価は上がる。株主価値を損なうこのような経営者の行動は回避しなければならないが，株主が経営者の行動を回避させることは極めて困難である。このようにして経営者の自信過剰は形成され[10]，自信過剰にもとづく傲慢な行動により，多くの経営者はターゲット企業の買収価額を実際の価額より高く設定し，買い手企業の株主価値がターゲット企業の株主に移転してしまうのである［Roll（1986），p. 214］。

　このように，Roll（1986）は *CAR* をもちいたシナジー理論に関する研究の問題と限界を指摘したうえで，M&A は利益を創出しない便益ゼロの取引であり，その原因は経営者の傲慢にみいだすことができると結論付けた。また，経営者の傲慢理論をもちいれば，シナジー理論では説明することができない買い手企業の *CAR* の低さとターゲット企業の *CAR* の高さについて適切な解釈をすることができると論じている[11]［Roll（1986），pp. 212-213］。

しかしながら Roll（1986）による研究は，これまでの実証研究にたいする反証，解釈論の域を超えるものではない。そこで買い手企業の価値がターゲット企業の株主へ移転することを実証するために，合併・買収プレミアム[12]をもちいた価値移転仮説にもとづく研究がおこなわれるようになっている。

井上・加藤（2006）は，M&Aの価値移転仮説を検証するために，合併・買収プレミアムをもちいた実証研究をおこなっている。国内の1990年から2002年までの上場企業間によるM&A165件を対象とした結果，合併・買収プレミアムが高いほど，ターゲット企業のCARが高いことがわかった。買い手企業からターゲット企業への価値の移転が，実証研究により明らかにされたのである［井上・加藤（2006），145-149ページ］。

森・劉（2008）でも，価値移転仮説が実証されている。国内の1999年1月から2006年12月にかけて公表された合併91件を対象に，合併プレミアムの平均5.4％よりも高い場合を高プレミアム，下回る場合を低プレミアムとして検証された。その結果，高プレミアム消滅企業のCARは，低プレミアム消滅企業のCARよりも高い。反対に高プレミアム存続企業のCARは，低プレミアム存続企業のCARよりも低い［森・劉（2008），123-126ページ］。この結果は，価値移転仮説を支持している。つまり，合併・買収プレミアムが高いほど買い手企業からターゲット企業へ価値が移転していることになる。この実証は井上・加藤（2006），森・劉（2008）などをはじめとして，最近になって注目されはじめている研究である。

5 む す び

本章の目的は，企業がどのような理由でM&Aをおこなうのか，その主要な動機と理論を検証することであった。第2節ではM&Aに経済的シナジー効果があるとするシナジー理論，第3節においてはシナジー理論を否定する経営者の傲慢理論を取りあげ，シナジー理論と経営者の傲慢理論は対峙する理論であることを明らかにした。

シナジー理論は Jensen and Ruback (1983) [Jensen and Ruback (1983), p. 47], Bradley, Desai and Kim (1988) [Bradley et al. (1988), p. 4] ら多くの研究者によって検証されている。M&A は買い手企業とターゲット企業の合計した CAR がプラスになるため，M&A にはシナジー効果があると実証している。ただし，ほとんどの研究において，ターゲット企業の CAR は＋20-30％と高いプラスの数値を示しているにも関わらず，買い手企業の CAR はゼロもしくはマイナスとなっている。この現象の原因を，シナジー理論の視点から検証している研究はほとんどない。

経営者の傲慢理論は，Roll (1986) による M&A の経済的シナジー効果を否定する理論である。シナジー理論を否定する論拠は，買い手企業の CAR がターゲット企業よりも著しく低いことである。この現象は，自信過剰な経営者がターゲット企業を割高に買収してしまい，買い手企業のプレミアムがターゲット企業に移転してしまうことが原因であると結論付けた [Roll (1986), p. 198]。

シナジー理論と経営者の傲慢理論，ふたつの理論の主要な争点を図表 2-2 にまとめてみる。

このように，シナジー理論と経営者の傲慢理論の対立点を明らかにすることができた。しかしながら，これまでの研究をレビューするなかで，この論争にたい

図表 2-2　シナジー理論と経営者の傲慢理論の争点

	争　　点	シナジー理論	経営者の傲慢理論
1	M&A のシナジー効果	あり…買い手とターゲットの合計 CAR がプラスである	なし…買い手の価値がプレミアムとしてターゲットに移転するだけ
2	イベント・スタディの信頼性	高い…多くの実証研究でシナジー効果を確認している	低い…同じデータにも関わらず先行研究によって結果が違う
3	市場の効率性	高い…効率的であるからこそターゲットの CAR が高い	低い…経営者を自信過剰にさせ買い手の買収プレミアムを割高にする

出所：本章より筆者作成。

して根本的な疑問を抱かざるを得ない。それは，それぞれの争点となっている研究の検証条件についてである。シナジー理論を支持する多くの研究では，買い手企業とターゲット企業の合計 CAR がプラスのためシナジー効果が実証できるとしている。しかしながら，多くの研究では取引形態が合併か買収，サンプル企業は買い手企業かターゲット企業いずれか一方からの分析に限定されており，多面的な分析ではない。

他方，経営者の傲慢理論においても，買収における価値移転仮説の実証が大半を占め，一方からの検証がほとんどである。たとえば，合併で検証した場合はどのような結果になるのであろうか。また，CAR の分析の多くは M&A における短期間の効果を測定したものであるが，M&A の長期間にわたる効果を検証した研究からはどのような結論が得られるのであろうか。これらの検証について，これまでの研究ではなんら言及されていないのである。

M&A におけるシナジー理論と経営者の傲慢理論の検証をおこなうためには，合併と買収，買い手企業とターゲット企業，短期間と長期間など複眼的な視野からの実証が不可欠である。これまでの研究をみてみると，これらの条件をみたす検証はほとんど存在していない。十分ではない研究にたいして議論を尽くしても，示唆に富む結論を得ることはできない。

M&A におけるシナジー理論と経営者の傲慢理論の対立点に関する検証は，より多面的な視点から考察されるべきである。本研究では，これまでの研究における検証方法の問題点を補完するため，シナジー理論と経営者の傲慢理論をもちいて，合併と買収，買い手企業とターゲット企業，短期的効果と長期的効果，それぞれの観点から M&A が株主価値にあたえる影響を実証していく。

〔注〕
（1）Palepu, Healy and Bernard（2001）と Brealey, Myers and Allen（2007）は，国内外問わず大学および大学院などで広く経営学書として使用されている主要な文献である。
（2）M&A の主要な理論を考察する前に，M&A の動機における理論と仮説の関係について触れておく。経営者は，それぞれ個別の理由から M&A を意思決定していることはいうまでもない。それらの理由は多岐に及んでいることから，それぞれの経営者による意

思決定を公式のごとく標準化することは不可能である．ただし，経営者がM&Aを選択する一般的な概念，たとえばM&Aをすれば事業規模が大きくなるのではないか，事業範囲が大きくなるのではないか，など意思決定を刺激するいくつかの基本的な事由は存在している．この経営者の意思決定を促す要因こそ，M&Aの動機である．そしてこれらの動機が学問により仮説として概念化され，さらに時間をかけて一般化されたものが理論として認識されることになる．すなわちM&Aの動機には，まだ仮説の状態のものと，すでに理論として確立されているものがある．本研究では，この関係を基軸としてM&Aの動機における理論と仮説の考察を進めている．

（3） ほとんどの国には反トラスト法が存在しているため，生産物市場のレントの拡大はM&Aの動機として投資家には明確な意図は伝えられない．なお米国では1890年のシャーマン法，1914年のクレイトン法，1976年のハート＝スコット＝ロディノ法という3つの主要な反トラスト法がある．

（4） さらにJensen and Rubak（1983）のM&A戦略理由を取りあげ，特殊な資産を共通の管理下に置くことによるエージェンシー・コストの削減を目的とした，生産コストや流通コストの削減の動機。活用できなかった節税策の活用。倒産費用の回避。借入金活用の機会の増大。さまざまな優遇税制の活用を目的とした財務的な動機。製品市場における市場支配力の獲得を目的とした動機。ターゲット企業の非効率な経営陣の排除を目的とした動機。以上の動機についても説明をしている．

（5） 米国公正取引委員会（The Federal Trade Commission）が示している，M&Aの分類区分．

（6） この理論については，第4節で詳細に取りあげる．

（7） 本章は，M&Aの動機と理論を明らかにすることに主眼をおいているため，イベント・スタディにより得られた具体的な数値は説明していない．イベント・スタディによりどのような株価効果が得られたかについては，本書第3章で明らかにされている．

（8） シナジー理論には，過大評価されている株式を買収対価の支払手段として使用し割安な企業を買収するというShleifer and Vishny（2003）の余剰資金の有効活用も含まれる．この動機はRhodes-Kropt, Robinson, and Viswanathan（2005）による実証結果からも支持されている．また買収の支払手段も株価効果に影響をあたえておりFranks, Harris, and Mayer（1988）は，株式対価買収よりも現金対価買収の方がより高い超過リターンを買収企業にもたらすことを確認しており，Andrade, Mitchell and Stafford（2001）も同様の実証結果を得ている．

（9） Tobinのqとは，資産の取得原価にたいする企業の市場価値の比率をさす．市場価値とは，株主価値と負債価値の時価合計である．

(10) 経営者の傲慢さについては，Jensen (1986) は経営者が私的利益の最大化を目指す傾向におちいりやすいこと，Shleifer and Vishny (1989) は経営者が私利私欲のために経営権を守りエントレンチメントといわれる居座りをおこなうことを指摘している。経営者の傲慢仮説についての研究も広く展開されていることがわかる。

(11) さらに Roll (1986) はシナジー理論を実証した多くの研究にたいして，評価モデルおよび測定方法に関していくつかの疑問を呈している。たとえばまったく同じサンプルを対象にしている研究にもかかわらず，ある文献では *CAR* がわずかにマイナスだが，他の先行研究ではプラスの結果が示されていたことを取りあげている。同じデータにおいても測定条件などが変化した場合に結果が一変してしまうような評価モデルでは，M&A が常に経済的なシナジー効果を創出しているという仮説は成立しないのではないかと指摘している。

(12) 合併・買収プレミアムとはターゲット企業の M&A イベント発表直前の市場株価と比較した買収価額の上乗せ部分をいう。合併・買収プレミアムは，公表日前日の存続企業株価（P_a）に合併比率（γ）を掛けたものから公表日前日の消滅企業株価（P_t）を引き，それを公表日前日の消滅企業株価で割ることで求められる。つまり，合併・買収プレミアム＝$(P_a \times \gamma - P_t)/P_t$ となる。

第3章

M&Aの株価効果
―これまでの研究―

1 はじめに

　本章の目的は，M&Aが株主価値へあたえる短期的な効果を検証するために，これまでの主要な研究をレビューすることである。一般的に，M&Aの情報開示は，買い手企業およびターゲット企業の株価に影響をあたえると考えられている。M&Aの情報開示が株価へあたえる影響の測定手法として，M&Aの情報が開示された日，いわゆるイベント日を基点として株価効果を分析するイベント・スタディ（Event Study）がある[1]。

　イベント・スタディは市場の効率性にもとづく研究であり，M&Aの情報開示にたいして市場は速やかに反応することを前提としている。つまり，M&Aに関する情報開示がなされた時点で，買い手企業およびターゲット企業の株主価値は何かしらの影響をうけるという考え方である。

　イベント・スタディは，M&Aが株主価値にあたえる影響を株価超過収益率（Abnormal Return：以下ではARという），株価累積超過収益率（Cumulative Abnormal Return：以下ではCARという）という指標をもちいて測定する評価モデルである。CARをもちいたイベント・スタディでは，株価効果をとおしてM&Aが株主価値にあたえる効果を測定することが可能となる。

　第2節では，M&Aの情報開示が株価効果にあたえる影響について，これまでの研究をレビューしていく。米国および国内における研究を取りあげ，日米における株価効果の傾向を，CARの観点から検証する。第3節においては，M&A

にシナジー効果はないとする，経営者の傲慢理論に関する主要な研究をレビューする。とくに，合併・買収プレミアム[2]をもちいた価値移転についての実証，すなわち価値移転仮説を検証した研究をレビューしていく。第4節では，M&Aの取引が合併もしくは買収の形態別でどのような影響を株価効果にあたえるのか，その相違点に着目した主要な研究をレビューしていく。第5節においては，本章の要約をおこなう。

2 シナジー理論と CAR

米国でのイベント・スタディは，1960年代からFama (1969) やMandelker (1974) などの先駆的な研究者によってはじめられた。しかしながら初期の研究では月次の株価データがもちいられており，現在の日次株価データによる研究に比べて分析精度が高いとはいえない。したがって，本研究では日次の株価データがもちいられるようになった1980年前後から近年までの研究のなかから，主要な研究を取りあげてみる。

他方，国内のM&Aに関するイベント・スタディもみてみる。米国に遅れること約20年，首藤 (1981) がイベント・スタディによる研究をおこなっている[3]。しかしながら，初期のイベント・スタディであるため，分析に日次ではなく月次データがもちいられており，現在おこなわれている多くの研究と同条件とはいえない。したがって，本研究では日次データの使用が確認されている，Pettway and Yamada (1986) 以降の研究を取りあげる。

2-1 米国の CAR 研究

Jensen and Ruback (1983) は，米国における1983年以前のイベント・スタディについて，検証結果を分析している。それぞれの研究のサンプル数に加重平均をかけ，研究全体の *CAR* を検証した。その結果，成功したM&A[4]における買い手企業は，−1からイベント日にかけて (−1, 0) 日の *CAR* が合併で0%，株式公開買付は+4%であった。

他方，ターゲット企業の（-1, 0）日の CAR は合併の場合+20%，株式公開買付は+30%でありターゲット企業の株価効果は高いが，買い手企業はほとんどないということが明らかにされている。しかしながら，買い手企業とターゲット企業の CAR 合計はプラスを示しており，この結果が M&A におけるシナジー効果の証左である。なお，この両者の差異についての要因は非常に複雑であり，特定することは難しい [Jensen and Ruback (1983), pp. 10-23]。

Bradley, Desai, and Kim (1988) では，米国の1963年から1984年における M&A236件[5]を対象に，M&A を1960年代，1970年代，1980年代[6]3つの期間に区分して株価効果の動向を検証している。買い手企業の CAR は，1960年代が+4.09%，1970年代+1.30%，1980年代が-2.93%であった。他方でターゲット企業の CAR は，1960年代が+18.92%，1970年代+35.29%，1980年代は+35.34%である。

買い手企業の CAR はこの30年間で減少しているものの，買い手企業とターゲット企業における CAR 合計はプラス+7.78%から+8.00%となっており，M&A 全体ではプラスの株価効果を確認している [Bradley, Desai, and Kim (1988), pp. 11-13][7]。

2-2 国内の CAR 研究

Pettway and Yamada (1986) は，1977年から1984年における国内合併の買い手企業50社，ターゲット企業16社を取りあげ，合併公告日前後（-30, +70）日の株価効果を検証した。イベント日前後1日の CAR をみると，買い手企業の CAR は-1日で+2.083%，0日+2.170%，+1日は+2.292%，ターゲット企業における CAR は-1日で+4.545%，0日+4.309%，+1日は+2.906%であった。国内合併の（-1, 0）日では，買い手企業とターゲット企業の双方で CAR がプラスになっていることがわかる [Pettway and Yamada (1986), pp. 46-47, pp. 50-51][8]。

Kang, Shivdasani and Yamada (2000) は，1977年から1993年の国内合併を154件取りあげ，買い手企業のみを検証対象とした。その結果，（-5, +5）日で+2.22% ($t=0.00$) の CAR を獲得していることが明らかとなった。また，企業と

銀行の関係が強いほど CAR が高くなることを指摘している［Kang, Shivdasani and Yamada（2000），pp. 2204-2216］。

　Yeh and Hoshino（2001）では，国内合併の買い手企業のみを検証対象に，1981 年から 1991 年までの 43 件，1992 年から 1998 年までの 46 件，2 つの期間を分析している。検証の結果，1981 年から 1991 年の（-1, +1）日における買い手企業 43 社の CAR は＋0.77％，1992 年から 1998 年まで 46 社の（-1, +1）日の CAR は-2.60％であった［Yeh and Hoshino（2001），pp. 157-159］[9]。

　これまでの主要な研究のレビューから，米国と日本における M&A の CAR，すなわち株価効果の傾向は大きく異なることがわかる。米国の M&A は，買い手企業における CAR はほとんどゼロであるが，ターゲット企業の CAR は買い手企業にくらべて大幅に高い傾向にある。他方，国内の M&A では，買い手企業とターゲット企業双方の CAR に顕著な差異は認められず，両者間における株価効果の差異はほとんどないことが明らかにされた[10]。

3　経営者の傲慢理論と価値移転仮説

　Roll（1986）は，買い手企業の自信過剰な経営者が割高なプレミアムをターゲット企業に支払い，買い手企業の価値がターゲット企業に移転してしまうとする，経営者の傲慢理論[11]を展開した［Roll（1986），pp. 212-214］[12]。ただし，Roll（1986）ではシナジー理論に反駁する諸要因が取りあげられているものの，その論拠となる実証研究はなされていない。Roll（1986）以降，経営者の傲慢理論の検証は，経営者の自信過剰行動などの領域から研究が進められてきたが，シナジー理論の CAR をもちいた研究手法とは一線を画すものであった。

　しかしながら，近年では CAR にもとづく合併・買収プレミアムをもちいて，経営者の傲慢理論を検証する研究がおこなわれている。合併・買収プレミアムは，合併，株式交換，株式移転においてイベント前日の買い手企業の株価に合併比率[13]を乗じて算出される価格と，イベント前日のターゲット企業の株価をもちいて算出することができる[14]。算出されたプレミアムが高いほど，買い手企

業がターゲット企業を割高で合併もしくは買収したことになり，買い手企業の価値がターゲット企業へ移転している証左となる。

このように，CAR をもちいたシナジー理論の実証研究だけではなく，CAR にもとづく合併・買収プレミアムによる経営者の傲慢理論の実証が可能となった。要するに，同じ検証条件から，シナジー理論と経営者の傲慢理論の比較検証が出来るようになったのである。

3-1　経営者の傲慢理論と価値移転仮説の関係

　経営者の傲慢理論が価値移転仮説で実証可能な論拠として，井上・加藤 (2006) を取りあげてみよう。井上・加藤 (2006) は，「買収プレミアムは取引発表直前の買収対象企業の市場株価と買収価格の差額を指し，M&A の取引条件に関する買収企業と買収対象企業の経営陣間の重要な交渉点となる。大きなシナジー効果や経営改善効果が期待される取引では，相対的に大きな買収プレミアムを支払う経済合理性が買収企業側に生じる。(中略) 米国ではこの買収プレミアムの大きさと買収企業の株価効果の間に負の関係があるとの結果を報告している。この結果は，買収プレミアムが買収企業から買収対象企業への M&A による付加価値の移転を引き起こしているという価値移転仮説を裏付けている。Roll (1986) は買収プレミアムと株価効果に負の相関性が生じる理由として経営者の傲慢理論を提示している。(中略) したがって本研究でも，買収プレミアムが M&A の当事者間の付加価値の配分に影響をあたえている可能性について検証する」[井上・加藤 (2006)，126 ページ]。

　これらのことから，合併・買収プレミアムにより価値移転仮説が検証され，価値移転仮説は経営者の傲慢理論を根拠付ける関係にあることがわかる。つまり，合併・買収プレミアムにもとづく価値移転仮説の検証により，経営者の傲慢理論は実証可能なのである。次節では，合併・買収プレミアムをもちいたこれまでの研究をみてみる。

3-2　合併・買収プレミアムの研究

　服部（2008）は，米国と国内における合併・買収プレミアムを比較検証している。1997年から2007年までの米国1,913件，国内415件のM&Aを取りあげ，合併・買収プレミアムの平均値（％）と件数の推移を示し，合併・買収プレミアムの一般的な水準を明らかにした。

　特筆すべきは，米国と国内の合併・買収プレミアムの差異についてである。1997年の米国でのプレミアムは＋35％超であり，他方で国内のプレミアムは5％強と，両者には大差があった。しかしながら，2007年度には米国の＋30％強にたいして国内は＋25％程度となり，数値的には拮抗してきていることがわかる［服部（2008），32ページ］。この要因について服部（2008）は明確な示唆をあたえていないが，国内のM&Aも合併・買収プレミアムからみると世界的な標準値に高まりつつあるようにみえる。

　井上・加藤（2006）は，M&Aの価値移転仮説を検証するために，買収プレミアムをもちいた実証研究をおこなっている。国内の1990年から2002年までの上場企業間における買収のみ165件をサンプルとして，買収プレミアム＋5％超のプレミアム価格グループ，−5％以上＋5％以下の市場価格グループ，−5％超のディスカウントグループに区分し，それぞれのCAR（−3，＋3）日を分析している。その結果，買収プレミアムが高いほどターゲット企業のCARが高く，買い手企業から価値の移転が確認されている［井上・加藤（2006），145-149ページ］。

　森・劉（2008）は，国内M&Aの価値移転仮説について検証している。1999年1月から2006年12月にかけて公表された国内合併のみ91件を対象として，消滅企業と存続企業の合併プレミアムを実証した。合併プレミアムは，全体平均の＋5.4％よりも高い場合を高プレミアム，下回る場合を低プレミアムとして分類している。

　検証の結果，高プレミアム消滅企業のCARは，低プレミアム消滅企業のCARよりも高い。他方，高プレミアム存続企業のCARは，低プレミアム存続企業のCARよりも低いことが明らかにされた［森・劉（2008），123-126ページ］。この実証結果は価値移転仮説を支持している。

ここまで，経営者の傲慢理論を検証することが可能な，価値移転仮説の主要な研究をレビューしてきた。検証の結果，高プレミアムのM&A取引の場合，買い手企業からターゲット企業へ価値が移転，すなわち経営者の傲慢理論が実証されていることがわかった。

4 合併と買収

これまでの研究を調査してみると，米国の研究では株式公開買付のみを対象としている研究，他方で国内は合併のみを対象とした研究がほとんどである。合併と買収，両方の取引形態から同一のサンプルデータをもちいて，M&Aの経済的効果を実証している研究はほとんど存在していない[15]。したがって，合併および買収の視点から多角的にM&Aの株主価値を検証することは，意義のある研究といえる[16]。

4-1 薄井（2001）の研究

薄井（2001）は，サンプルを合併と買収に区分し，双方の視点から国内M&Aの株価効果を検証している。合併の分析では，1997年から1999年までの国内における買い手企業37社，ターゲット企業34社を対象に実証をおこなっている。その結果，イベント前後の CAR（-1, +1）日において，合併取引の買い手企業は+5.025%（$z=4.926$），ターゲット企業では-0.260%（$z=0.579$）であることがわかった［薄井（2001），87-89ページ］。

他方，買収では1989年から1999年までの国内の買い手企業91社，ターゲット企業85社を分析している。イベント前後の CAR（-1, +1）日は，買収取引の買い手企業は+0.238%（$z=0.412$），ターゲット企業においては+5.813%（$z=10.367$）であった［薄井（2001），85-87ページ］。

薄井（2001）の検証結果から，国内の合併取引では買い手企業の CAR がターゲット企業よりも高く，一方で買収取引の場合はターゲット企業の CAR が買い手企業よりも大幅に高いことがわかる［薄井（2001），85-89ページ］。薄井（2001）は

この原因として、合併取引の場合は新株主がイベント日前後に合併プレミアムを既存株主に支払うのにたいして、買収取引では買い手企業から買収プレミアムがターゲット企業に移転するものと推測している［薄井（2001），89ページ］。

4-2 松尾・山本（2006）の研究

松尾・山本（2006）は国内における合併取引および買収取引の合計 CAR を取りあげ、1977年から1998年、1999年から2004年まで2つの期間の株価効果を検証した。検証の結果、1977年から1998年までの CAR は、買い手企業の－1日が＋1.32％（$t=0.666$），0日＋1.60％（$t=1.264$），ターゲット企業は－1日＋4.62％（$t=1.646$），0日が＋6.19％（$t=3.363$）となった［松尾・山本（2006），19-24ページ］。

他方で1999年から2004年までの CAR は、買い手企業の－1日が＋0.27％（$t=0.817$），0日＋1.02％（$t=3.582$），ターゲット企業では－1日が＋6.71％（$t=4.192$），0日＋8.57％（$t=5.459$）であった。1999年10月の会社法改正による株式交換と株式移転の規制緩和が、ターゲット企業の株価効果にプラスの影響をあたえている

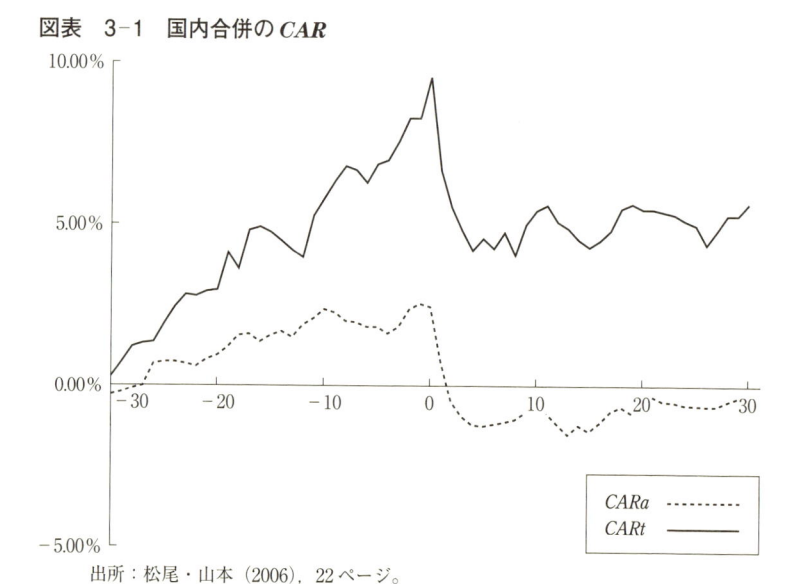

図表 3-1 国内合併の CAR

出所：松尾・山本（2006），22ページ。

図表　3-2　国内買収のCAR

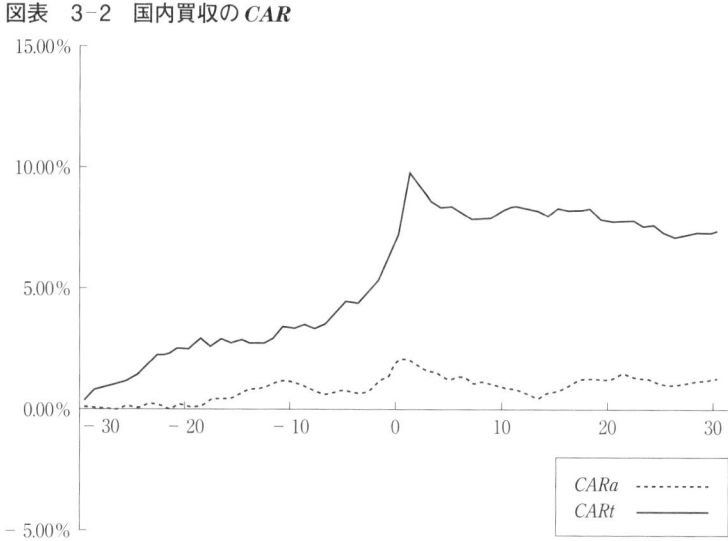

出所：松尾・山本（2006），27ページ。

ことをみいだした［松尾・山本（2006），24-32ページ］[17]。

　また，1977年から1998年における買い手企業とターゲット企業のCARが，合併取引および買収取引の視点から個別に検証されている。図表3-1は合併取引，図表3-2は買収取引におけるCARの推移である。松尾・山本（2006）の検証結果は，薄井（2001）の研究とほぼ同様の波形を示していた。合併はイベント日前後がピークであり，まるで富士山のような形をしている。他方で買収もイベント日前後にピークを迎えるが，その後もターゲット企業のCARは垂下せず，ちょうど山脈のような形を成している。合併と買収の取引形態により，それぞれのCARの傾向は明らかに異なる。M&Aを合併取引と買収取引の双方から検証することは，重要な測定要件なのである。

5　むすび

　本章の目的は，M&Aが株主価値へあたえる短期的な効果を検証するために，

M&Aの情報開示が株価効果にあたえる影響を測定している，これまでの主要な研究をレビューすることであった．

第2節ではイベント・スタディによって実証された株価効果について，米国および国内の研究を取りあげ，株価効果の全体的な傾向を考察した．Jensen and Ruback (1983) らが指摘しているように，米国のM&Aにおける買い手企業の*CAR*はほとんどゼロだが，ターゲット企業の*CAR*は買い手企業に比べてはるかに高い株価効果が得られていることが確認されている［Jensen and Ruback (1983), pp. 10-23］．

他方，国内では1970年代から1999年まで，買い手企業およびターゲット企業において高い*CAR*は認められず，両方の*CAR*合計ではほとんどプラスがない［Pettway and Yamada (1986), pp. 46-47, pp. 50-51］．しかしながら，1999年以降はターゲット企業の*CAR*が増加しており，1999年の会社法改正による規制緩和が株価効果の向上に影響をあたえていることがわかる［松尾・山本 (2006), 24-32ページ］．

第3節では，M&Aにシナジー理論はなく，買い手企業の価値がターゲット企業へプレミアムとして移転してしまうとする，経営者の傲慢理論にもとづく価値移転仮説の研究をレビューした．価値移転仮説は，合併・買収プレミアムをもちいて検証が可能となる．井上・加藤 (2006)，森・劉 (2008) は，合併・買収プレミアムにより買い手企業の価値がターゲット企業へ移転することを確認している［井上・加藤 (2006), 145-149ページ］，［森・劉 (2008), 123-126ページ］．

第4節の目的は，M&Aの取引形態として合併と買収に着目し，それぞれの株価効果を測定している研究をレビューすることであった．しかしながら，主要な研究をレビューした結果，合併と買収を同じデータにもとづき，同時に比較検討している研究はほとんど存在していないことがわかった．そのなかで稀有な研究といえる薄井 (2001)，松尾・山本 (2006) をレビューした．薄井 (2001) では合併取引の場合は買い手企業の方が高い*CAR*を獲得し，他方で買収取引ではターゲット企業が高い*CAR*を得ていることが確認された．要するに，合併と買収というM&Aの取引形態によって，株価効果の傾向は大きく相違していたのである

［薄井（2001），85-89 ページ］。

　これらのことから，合併と買収を分類して株価効果を対比することは，シナジー理論と経営者の傲慢理論の特徴を観察するうえでも，重要な要件であることがわかる。本研究では，合併と買収を明確に区分し，双方の視点からM&Aが株主価値にあたえる影響について研究を進めていく。

───────────────

〔注〕
（1） 長期間にわたるイベント・スタディも研究されており，Jensen and Ruback (1983) ではM&A後の買い手企業における長期の株価効果はマイナスになることを確認している。Mitchell and Stafford (2000) も，買い手企業の3年後の*CAR*は−15%になることを実証している。なお，長期間のイベント・スタディにおいて，多くの研究ではターゲット企業の*CAR*は+10%弱とプラスになっている。
（2） これまでの多くの研究では「合併プレミアム」もしくは「買収プレミアム」といわれているが，本研究では合併と買収の双方からプレミアムの検証をおこなうため，「合併・買収プレミアム」と表現している。
（3） 1967年から1974年の合併78件を対象に，合併公告月後72ヶ月の*CAR*がマイナスとなっていることを明らかにした。
（4） Dodd (1980)，Asquith (1983)，Eckbo (1983) の研究を取りあげている。買収企業のサンプル数は358社，被買収企業のサンプル数が339社である。
（5） この研究は，成功した株式公開買付の事例のみを対象としている。
（6） 詳細には1963年から1968年，1968年から1980年，1981年から1984年の3期間に区分して株価効果の分析がおこなわれている。
（7） Jarrell and Paulsen (1989) もほぼ同時期の成功した株式公開買付の事例を対象に研究をおこなっており，1963年から1986年の買い手企業462件の*CAR*が+1.29%（$t=2.35$），ターゲット企業526件の*CAR*は+28.99%（$t=30.50$）と実証している。さらに，Andrade, Mitchell, and Stafford (2001) も1973年から1998年までの4,256件を分析し，買収企業の*CAR*は−0.7%，被買収企業の*CAR*は+16.0%と報告している。この結果は，これまでの研究の結果と同様の傾向を示している。
（8） *t*値については5%水準で有意としているが，具体的な*t*値は示されていない。
（9） いずれも*t*値は示されていない。
（10） しかしながら，国内の研究は買い手企業の*CAR*のみを検証しているものが多く，米国のように多くの研究から全体的な買い手企業とターゲット企業の株価効果の傾向を把

握することは容易ではない

(11) 井上・加藤（2006）によると，「買収プレミアムと株価効果の関連性問題を考える上で重要な仮説に，経営者の傲慢仮説（Hubris hypothesis）がある。Roll（1986）は，買収企業の超過リターンがマイナスとなる傾向の背景には，買収企業の経営陣が市場株価より自分自身の株価評価を信じ，大きな買収プレミアムを正当化する自信過剰が背景にあるとしている。このような投資スタンスは買収企業経営陣の傲慢であり，この傲慢にM&Aの失敗の原因があるとしている」と論じている。なお，井上・加藤では「傲慢仮説」となっているが，薄井（2001）などでは「傲慢理論」となっている。著者により表現が一致していないが，本研究では「経営者の傲慢理論」と表現している。

(12) Roll（1986）の研究内容については，すでに本書の第2章第4節「経営者の傲慢理論」において詳細に取りあげている。

(13) 本研究では合併および交換比率について，レコフ『MARR』で公表されている数値のみをもちいている。合併および交換比率が明らかにされていないM&Aについては，本研究の対象サンプルから除外している。

(14) ただしTOBの場合は，イベント前日のターゲット企業の株価とTOB価格の差額，イベント前日の株価にたいしての割合を合併・買収プレミアムとしている。公式は，合併・買収プレミアム＝$PTOB - PT \div PT$となる。なおPTはイベント前日のターゲット企業の株価，$PTOB$はTOB価格となる。

(15) M&Aの研究では合併と買収という大きく区分される取引形態の視点ではなく，株式公開買付やグループ企業間のM&Aなど，より詳細な取引形態の研究が多くおこなわれている。しかしながら，本研究では合併と買収というふたつに大別される取引形態における株主価値の傾向に注目していることから，合併および買収以外のより詳細な取引形態に関する研究については取りあげていない。なお，M&Aの詳細な取引形態に関する主要な研究は，以下のとおりである。

Dodd and Ruback（1977）は株式公開買付の事例を取りあげ，買い手企業の失敗の場合の1ヶ月間のARが＋0.58％（$t=1.19$），ターゲット企業は＋18.96％（$t=12.41$）であることを明らかにし，株式公開買付の場合はM&Aが失敗したにもかかわらず高い株価効果を獲得していることをみいだした。

Manne（1965）は複数の買い手企業と競合するM&Aを，会社支配権市場（Market for Corporate Control）と名づけた。現在では複数の買い手企業との競合を必要とするM&Aは，一般的にコンテスト型M&Aともよばれている。コンテスト型M&Aは競争率が高いために，競合のない非コンテスト型M&Aよりもプレミアムを高める要因とされている。

Bladley, Desai and Kim（1988）は，コンテスト型のM&Aは競合をするため買い手企業はターゲット企業にたいして最大限での評価額で買収しなくてはならず，ターゲット企業の株主にはプラスの株価効果があるが買い手企業の株価効果は低減することを確認している。

　Jensen（1986）は，多角化などの成長戦略にはリスクがあり株主価値を低減させる可能性があり，そのような経営判断にたいするモニタリング能力が株主の多様化や分散によって低下していることを指摘している。

　また，日本におけるモニタリングの重要性を示す研究としては，Yeh and Hoshino（2001）がある。この研究によれば1981年から1991年までの買い手企業のCARはプラスであるが，1992年から1998年のCARはマイナスであり，この要因は銀行のモニタリング機能の低下にあると指摘している。

　Kang, Shivdasani and Yamada（2000）は，国内でのM&Aにおいて買い手企業およびターゲット企業と取引銀行との密接な関係がCARにプラスの影響をあたえることを検証している。さらに，薄井（2001）は銀行による外部モニタリングの低下がCARのマイナスにつながることを報告している。

　株主のインサイダー取引が株価効果に影響をあたえると指摘したのは，Keown, A. J. and John. M. P.（1981）である。1975年から1978年までの買い手企業194社を対象に検証をおこない合併直前5日前のCARがすべてプラスとなっていることに注目し，この株価効果は株主がインサイダー取引をおこなったために生じたものと指摘した。

　裁定取引が，株価効果に影響をあたえるという考え方もある。裁定業者が買収価格とターゲット企業の株価差額により利益を得る裁定取引が，プラスの株価効果を生む可能性をMitchell and Pulvino（2001）は論じている。

　関係会社間のM&Aが，株価効果に影響することを確認したのはSlovin and Sushka（1998）である。親会社子会社間のM&Aにおいて，親会社はプラスのCARになる傾向がある。また，第三者買収企業への子会社売却はさらに超過リターンがおおきくなるが，第三者買収企業のCARはマイナスの傾向となるために，第三者買収企業の株主は高い買収プレミアムを支払されていることを指摘している。

　ポイズン・ピル（poison pill）やサメ除け（shark-repellent）などの買収防衛策が買収プレミアムにあたえる影響を，Jarrel and Paulsen（1987）やMalatesta and Walking（1988）はみいだしている。市場は買収防衛策を導入した企業にたいして過大な評価をおこなうため，買収プレミアムが増加することを明らかにした。買収の支払手段も株価効果に影響をあたえている。

　Franks, Harris, and Mayer（1988）は，株式対価買収よりも現金対価買収の方がより

高い CAR を買い手企業にもたらすことを確認している。
(16) 本研究は国内における M&A を対象としているため，本節では国内の合併および買収を研究している文献のみを取りあげている。
(17) 井上・加藤（2006）でも，国内の M&A において 1999 年 10 月の会社法改正により株式交換と株式移転が追加されたことに着目している。会社法改正前の合併と株式公開買付の場合は，それぞれ買い手企業の CAR は＋2.33％（$t=1.24$），＋0.34％（$t=0.10$），ターゲット企業では＋0.63％（$t=0.36$），＋7.21％（$t=1.94$）であった。他方で，株式交換と株価移転が導入された以降を測定してみると，それぞれ買い手企業で＋3.50％（$t=1.79$），＋7.13％（$t=1.85$），ターゲット企業においてはそれぞれ＋11.91％（$t=3.41$），＋10.65％（$t=3.06$）となっており，制度改正が株価効果の向上に影響していることを明らかにした。

第4章

M&A情報の公開と株価
―*CAR*をもちいて―

1 はじめに

　本章の目的はM&Aが株主価値にあたえる短期的な影響を測定し，M&Aにおける経済的シナジー効果について，シナジー理論と経営者の傲慢理論の視点から検証することである。M&Aの短期的な影響は，M&Aの情報開示による株価効果を測定することで可能となる。短期的な株価効果の測定モデルは，これまでの研究において*CAR*をもちいたイベント・スタディが一般的である。

　本章では，これまでの多くの研究と同様，*CAR*をもちいた検証をおこなう。検証の結果から，M&Aが短期的に株主価値へおよぼす効果を考察することができれば，M&Aによる経済的シナジー効果について一定の示唆をあたえることが可能となる。

　第2節では，本章でもちいる評価モデルのリサーチ・デザインをおこない，対象とするサンプルとデータの範囲を特定する。第3節と第4節では，合併取引の買い手企業65社，ターゲット企業65社，買収取引では買い手企業84社，ターゲット企業84社，合計298社を対象に3つのモデルをもちいた検証をおこなう。評価モデルは*CAR*の推移，総便益と加重*CAR*の分析，合併・買収プレミアム，これら3つをもちいてM&Aが短期的に株主価値にあたえる効果を実証する。第5節では本章の要約をおこない，M&Aの短期的な経済的シナジー効果について，シナジー理論と経営者の傲慢理論の観点からまとめる。

2 リサーチ・デザイン

本節の目的は，M&A による短期的な株価効果を測定するための評価モデルとサンプルについて，リサーチ・デザインをおこなうことである。

短期的な株価効果を測定する主要な評価モデルには，期待されるリターンと実際のリターンの比較をする資本資産価格モデル（Capital Asset Pricing Model：CAPM），イベントで獲得したリターンとその企業の過去の平均リターンとの比較をおこなう平均収益率調整モデル，イベントで獲得したリターンと TOPIX など株価動向指数のリターンを比較する市場モデルがある。それぞれの評価モデルでは，パラメーターの残差（Residual）が計算され，この残差が TOPIX などの株価動向指数だけでは表現できない超過リターンの部分とみなされる。

株価効果の測定対象期間は，合併が発表されたイベント日を 0 日として，それ以前をマイナス，以後をプラスとしてカウントしている。測定期間は研究によりさまざまであり，イベント日の前後 1 日から 5 日間の測定，長くても前後 30 日程度の観察期間が一般的のようである。

これらのモデルを比較してみてみると，資本資産価格モデルの場合は期待される超過リターンを算出する際にアナリストの予測値，すなわち主観的要因が係数となることから，客観的なデータにもとづく実証研究には不向きといえる。平均収益率調整モデルは，企業ごとの過去データを対比していくため個別企業の検証には適しているが，市場全体の超過リターンを検証する研究には適していない。

本章ではアナリストの主観的な予測が不要であり，市場全体における超過リターンの傾向を分析しやすい市場モデルをもちいることにする。市場モデルによって得られる市場調整収益率は，以下のとおりにあらわすことができる[1]。

$$A_{i,t} = R_{i,t} - R_{m,t} \tag{1}$$

証券 i の t 日の原収益率である $R_{i,t}$ から TOPIX の t 日の原収益率 $R_{m,t}$ を差し引くと，証券 i の t 日の株主超過リターン $A_{i,t}$ が算出される。そして $A_{i,t}$ のイベ

ントウィンドウの日次サンプル平均から，株価超過収益率である AR が求められる。

$$AR_t = \Sigma A_{i,t}/N \tag{2}$$

株価超過収益率 AR の該当する期間の合計値から，株価累積超過収益率 CAR を以下のように算出することができる。

$$CAR = \Sigma AR_t \tag{3}$$

本研究では株価効果の指標として，CAR をもちいることにする。超過リターンの観測期間については，本研究ではイベント日の前後45日間，イベント日を含め91日間を観察することにした。これまでの研究において比較的に長い観測期間は Pettway and Yamada（1986）のイベント日前30日間とイベント後40日間の観測であるが［Pettway and Yamada（1986），pp. 44-46］，井上・加藤（2006）などイベント日の前後10日間を観察する研究が多くみうけられる［井上・加藤（2006），108-109ページ］。

現在の企業においては，四半期決算制度の導入以降，とくに上場企業は四半期決算をひとつの目安として経営活動をおこなっている。つまり，株式市場においては四半期決算，すなわち3ヵ月という期間のなかで株価が形成されていくと考えることができる。したがって，株価の動向を把握するためには，少なくとも3ヵ月間の株価の推移を観察する必要がある。本研究においては，3ヵ月に相当するイベント日の前後45日間，イベント日を含めた91日間を観測期間とした。

サンプル・データは，1998年4月1日から2008年3月31日までの間に国内で合併もしくは買収をおこなった，東京証券取引所市場第一部に上場しているすべての企業を取りあげている。株価と TOPIX については，データ・ゲット社『10年株価データ（CD-ROM）』のデータをもちいた。使用したデータは，以下のとおりである。

① 各社『有価証券報告書』1998年-2008年.

② 東京証券取引所『東証要覧』1998年-2008年各年号.
③ 日本経済新聞社『日経会社情報』1998年-2008年各四季号.
④ レコフ『MARR』1998年-2008年各月号.
⑤ データ・ゲット社『10年株価データ (CD-ROM)』2008年版.

　1998年4月1日から2008年3月31日までの対象となるM&Aのデータ[2]から，対象期間中に東京証券取引所市場第一部にまだ登録されていない，もしくは登録が廃止されている10年分のデータ入手不能な企業は除外している。その結果，合併取引では買い手企業65社（巻末図表4-①参照），ターゲット企業65社（巻末図表4-①参照），買収取引においては買い手企業84社（巻末図表4-②参照），ターゲット企業84社（巻末図表4-②参照），合計298社を研究対象とした[3]。そのうえで，合併および買収，買い手企業とターゲット企業の視点から各社の CAR を測定し，M&Aの短期的経済効果をシナジー理論と経営者の傲慢理論から検証していく[4]。

　本章では，まず CAR をもちいた検証をおこなう。シナジー理論は，買い手企業とターゲット企業の両方にプラスの株価効果をもたらす。他方，経営者の傲慢理論は買い手企業からターゲット企業に価値が移転していることで確認することができる。要するに，買い手企業の CAR よりもターゲット企業の CAR が著しく高い場合である。それぞれ合併および買収の買い手企業，ターゲット企業を分析することで，これらの判定が可能となる。

---

1. CAR をもちいた検証
   シナジー理論：買い手企業とターゲット企業の両方にプラスの株価効果をもたらす。
   経営者の傲慢理論：買い手企業からターゲット企業に価値が移転する。

　ふたつ目の検証では，M&Aが創出する総便益の推計値から，加重 CAR を算出する。Bradley, Desai, and Kim (1988)，薄井 (2001) で示されているように，買い手企業とターゲット企業のシナジー効果は株主の富の変化分として定義さ

れ，それぞれの便益は以下のようにあらわすことができる [Bradley et al. (1988), pp. 9-13]，[薄井 (2001)，91-93 ページ]。

$$\Pi_{ib} = BMV_i, -6 \times CAR_{ib}(-5, +5) \tag{4}$$

$$\Pi_{it} = TMV_i, -6 \times CAR_{it}(-5, +5) \tag{5}$$

M&Aのイベント6日前の便益 Π_{ib} (Π_{it}) は，株主資本の時価総額 BMV_i, (TMV_i)[5]にイベント前後5日間の CAR を乗じて推計され，総便益は $\Pi_i = \Pi_{ib} + \Pi_{it}$ で求められる。また，それぞれの便益をもちいて加重 CAR を算出することができる。この加重 CAR をもちいることにより，M&Aが金額ベースで株主価値にあたえる効果を測定することができる。

$$加重\ CAR = \frac{BMV_i \times CAR_{ib}(-5, +5) + TMV_i + CAR_{it}(-5, +5)}{BMV_i + TMV_i} \tag{6}$$

---

2. 総便益と加重 CAR をもちいた検証

シナジー理論：買い手企業とターゲット企業の両方にプラスの便益と加重 CAR をもたらす。

経営者の傲慢理論：買い手企業からターゲット企業に便益と加重 CAR が移転する。

3番目の検証は，合併買収プレミアムの評価モデルをもちいた検証である。合併買収プレミアムは，イベント前日における買い手企業の株価に合併比率[6]を乗じて算出される価格と，イベント前日のターゲット企業の株価をもちいて (7) 式のように算出される。

$$合併買収プレミアム = \frac{PA \times r - PT}{PT} \tag{7}$$

プレミアムの結果から，プラスの案件を高プレミアム，マイナスを低プレミアムと区分し，それぞれ買い手企業の CAR (-45, +45) 日とターゲット企業の

CAR (−45, +45) 日の対比を検証していく。

> 3. 合併・買収プレミアムをもちいた検証
> シナジー理論：買い手企業とターゲット企業の両方にプラスの株価効果をもたらす。
> 経営者の傲慢理論：高プレミアム取引では低プレミアム取引よりも，ターゲット企業に高い株価効果を，買い手企業には低い株価効果をもたらす。

3 CAR をもちいた検証

本節の目的は，M&A で生じた CAR を測定し，M&A の短期的経済効果をシナジー理論と経営者の傲慢理論の観点から検証することである。買い手企業およびターゲット企業の CAR がプラスであればシナジー理論，買い手企業からターゲット企業へ価値の移転がみとめられる場合は，経営者の傲慢理論が実証される。

まず，合併における CAR の動向をみてみよう。図表4-1は，買い手企業の

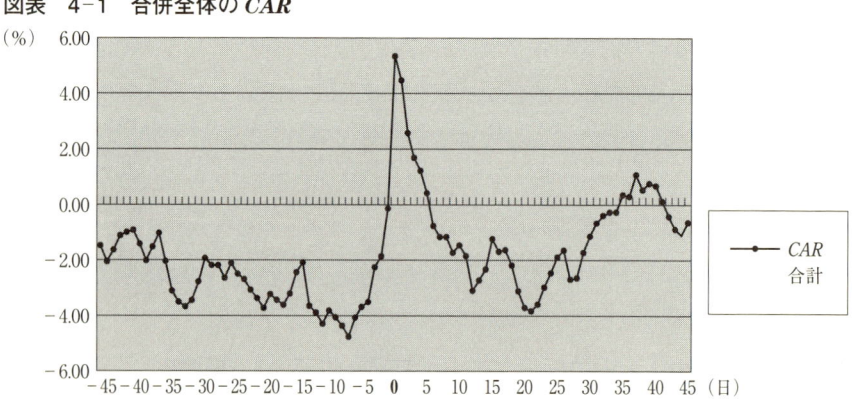

図表 4-1 合併全体の CAR

図表 4-2　合併 CAR_a と CAR_t

[図: 横軸は観測期間（-45日から+45日）、縦軸は%（-4.00から4.00）。CAR_a と CAR_t の2系列の折れ線グラフ。0日付近で約3.00%のピーク。]

観測期間

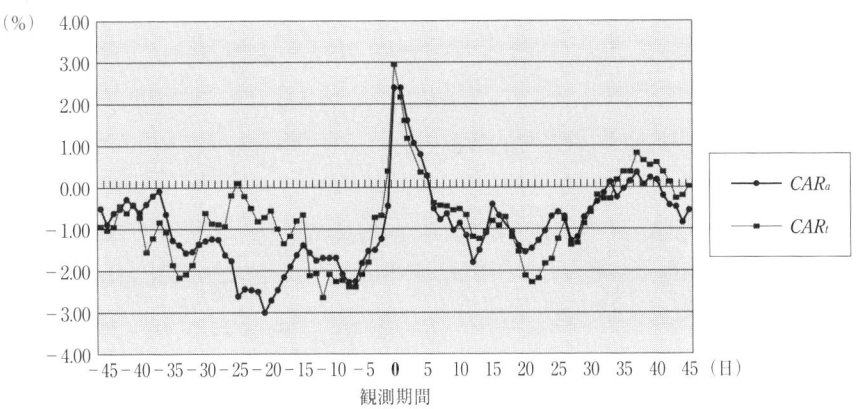

CAR_a と，ターゲット企業の CAR_t を合計した全体の CAR である。図表4-2では，買い手企業の CAR_a とターゲット企業の CAR_t を比較したグラフを示してある。

合併取引における，買い手企業およびターゲット企業の全体 CAR を合計した図表4-1をみてみると，-45日から M&A を公示したイベント当日まで，CAR の合計はマイナスで推移していることがわかる。イベント日に CAR 合計は+5.36%のプラスとなるが，+6日目からふたたび CAR 全体はマイナスとなってしまう。その後は+35日目にいったんプラスに転じるものの，全体 CAR（-45, +45）日は-1.73%のマイナスで推移している。

図表4-2は，合併取引の買い手企業の CAR_a とターゲット企業の CAR_t の対比を示している。このグラフをみるかぎり合併取引における買い手企業とターゲット企業の CAR の波形は，比較的類似した動きを示している。もっとも株価効果が期待されるイベント日でさえ，CAR はそれぞれ+2.46%，+2.89%とそれほど高くはなく，双方の株価効果の傾向に顕著な差異をみいだすことはできない（t 検定は巻末図表4-③，図表4-④参照）。

CAR による合併取引の検証結果を分析すると，買い手企業の CAR（-45, +45）日は-0.92%，ターゲット企業の CAR（-45, +45）日は-0.80%であり，

両方ともにマイナスである。したがって，合併取引における短期的株価効果の検証では，シナジー理論をみいだすことはできない。また，買い手企業とターゲット企業の CAR に顕著な差異はなく，双方ともに類似した波形を示していることがわかる。これは買い手企業からターゲット企業へ，価値の移転がないことを示している。したがって，本検証では経営者の傲慢理論を認めることはできない[7]。

他方，買収取引による M&A の株価効果については，図表 4-3 に買収取引に

図表 4-3 買収全体の CAR

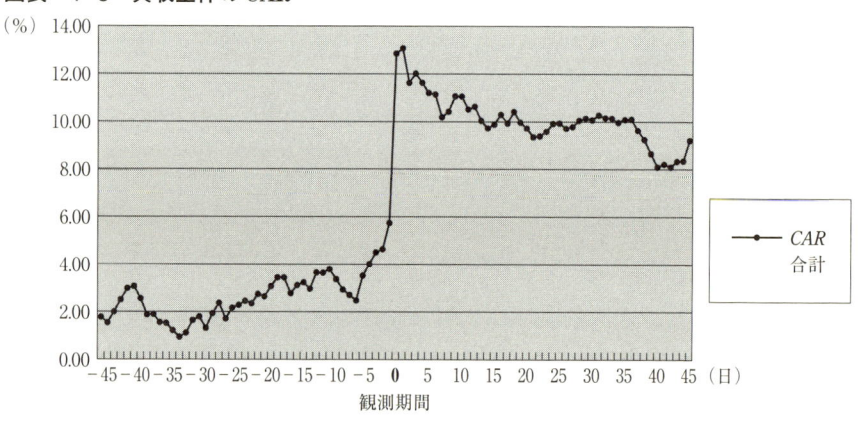

図表 4-4 買収 CAR_a と CAR_t

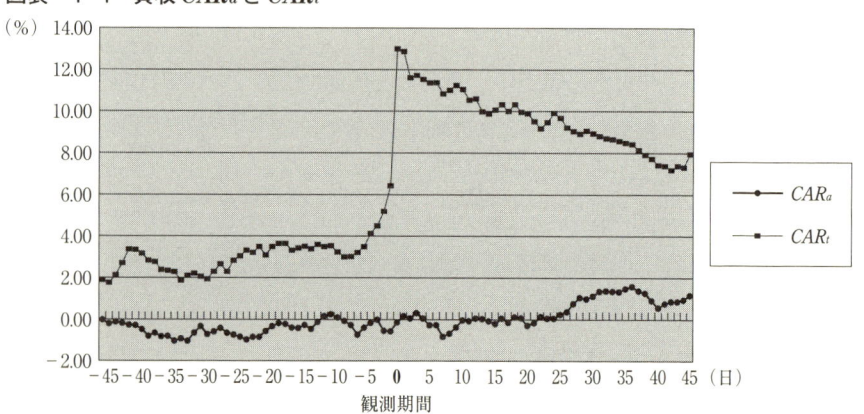

おける買い手企業のCAR_aとターゲット企業のCAR_tを合計したものを示している。また，図表4-4では買い手企業のCAR_aと，ターゲット企業のCAR_tを比較している。

買い手企業とターゲット企業のCAR合計である図表4-3をみると，買収全体CARがイベント日を境に，急激に増加していることがわかる。合併によるM&Aとは異なり，−45日からイベント日までプラスのCARで推移しており，−1日の+5.88%からイベント日の+12.92%への大幅な増加は，M&Aが株価効果に強い影響をあたえていることを示唆している。買収全体CARは，その後も+45日まで+10%前後で推移しており，全般的に高いCARを確認することができる。

図表4-4は買い手企業のCAR_aとターゲット企業のCAR_tにおける対比を示しており，この両者のCARの間に著しい差異をみいだすことができる。買い手企業のCAR_aはイベント前後（−45, +45）日において，イベント日を含め0%付近で推移しているのに比べ，ターゲット企業のCAR_tは，−1日の+6.40%からイベント日には+13.00%にも向上し，+45日まで+10%近辺を維持している。

つまり，買い手企業にプラスの株価効果は確認できないが，ターゲット企業の株価効果で明らかなプラスの株価効果をみいだすことができる。また，CAR（−45, +45）日は全体で+6.45%，買い手企業は+0.05%，ターゲット企業では+6.40%といずれもプラスである（t検定は巻末図表4-⑤，図表4-⑥参照）。

CARをもちいた検証結果から，買い手企業とターゲット企業の買収全体CARは，イベント日以降に大幅なプラスに転じている。ただしその内訳を分析すると，買収企業のCAR_aはほとんど増加しない反面，ターゲット企業のCAR_tはイベント日を境に急増していることがわかる。この現象は，買い手企業がターゲット企業へ高いプレミアムを支払い，買い手企業の価値がCARとして移転していることを示している。したがって，買収取引においては，買い手企業からターゲット企業へ強い価値の移転を認めることができる。

また，買い手企業CAR（−45, +45）日はわずかなプラスであることから，シナジー効果もみいだすことができる。買収取引では，買い手企業からターゲット

企業へプレミアムが CAR として移転していることが確認されたが、価値が移転しても買い手企業の CAR はプラスである。したがって、買収においては、若干のシナジー理論と強い経営者の傲慢理論を確認することができる[8]。

本節の検証から、合併と買収における株価効果には、大きな相違があることがわかる。合併取引では、シナジー理論も経営者の傲慢理論も確認されていない。他方、買収取引においては、若干のシナジー理論と強い経営者の傲慢理論を認識することができたのである。

本研究では、CAR の増減という分析だけではなく、次節において他の評価モデルをもちいた検証もおこなう。より多角的な検証をおこなうためには、ひとつの評価モデルではなく、他の評価モデルからも M&A が短期的に株主価値にあたえる影響を測定することが重要となる。

4　加重 CAR と合併・買収プレミアムによる検証

本節の目的は、総便益および加重 CAR と合併・買収プレミアムをもちいて、M&A が短期的に株主価値にあたえる影響を検証することである。

総便益と加重 CAR の検証では、買い手企業およびターゲット企業の総便益と加重 CAR がプラスであれば、シナジー理論を確認することができる。他方で、買い手企業からターゲット企業へ加重 CAR の移転が認められた場合は、経営者の傲慢理論をみいだすことができる。

合併・買収プレミアムの検証は、プレミアムが高いほど買い手企業の価値がターゲット企業へ移転したことになる。プレミアムの結果がプラスの案件を高プレミアム、マイナスの場合を低プレミアムと区分し、買い手企業の CAR（−45, +45）日とターゲット企業の CAR（−45, +45）日を対比する。買い手企業とターゲット企業の CAR（−45, +45）日がプラスである場合は、シナジー理論を確認することができる。他方、加重 CAR の価値移転が確認された場合は、経営者の傲慢理論が認められる。

まず、総便益および加重 CAR をもちいた検証結果をみてみよう。図表 4-5

図表 4-5　合併　総便益と加重 CAR

合併　買い手便益	7,441 億円
合併　買い手平均 CAR（−5, +5）	0.72%
合併　ターゲット便益	2,990 億円
合併　ターゲット平均 CAR（−5, +5）	2.73%
加重 CAR	3.60%

は，合併取引の総便益と加重 CAR の結果である。

合併取引による総便益と加重 CAR の結果は，買い手企業の便益は+7,441億円，CAR（−5, +5）日の平均は+0.72%，ターゲット企業の便益は+2,990億円，CAR（−5, +5）日の平均が+2.73%，合併による加重 CAR は+3.60%であった[9]。

加重 CAR による検証から，合併取引では買い手企業とターゲット企業の便益はプラスであり，便益の合計である総便益もプラスとなる。また，加重平均も+3.60%のプラスであることがわかる。したがって，総便益と加重 CAR の検証から，シナジー理論をみいだすことができる。

他方，CAR（−5, +5）日は買い手企業よりもターゲット企業の方が高いが，便益をみると買い手企業がターゲット企業よりもおおよそ3倍も高いため，買い手企業からターゲット企業へ価値が移転しているとはいえない。したがって，合併取引において経営者の傲慢理論を確認することはできない。

図表 4-6　買収　総便益と加重 CAR

買収　買い手便益	−7,348 億円
買収　買い手平均 CAR（−5, +5）	0.48%
買収　ターゲット便益	4,113 億円
買収　ターゲット平均 CAR（−5, +5）	8.30%
加重 CAR	−0.26%

買収取引による総便益と加重 CAR の結果は，買い手企業の便益が−7,348億

円，CAR（-5, +5）日の平均が+0.48%，ターゲット企業は便益+4,113億円，CAR（-5, +5）日の平均+8.30%，加重CARは-0.26%であった[10]。

　総便益と加重CARによる検証から，買収取引における買い手企業の平均CARはわずかなプラスだが，買い手企業の便益は-7,348億円と著しいマイナスとなっていることがわかる。ターゲット企業では+4,113億円とプラスの便益が出ているが，買い手企業は-7,348億円であり，合計の総便益は-3,235億円と大きくマイナスなのである。総便益の加重CAR平均も-0.26%であり，これらの結果から買収取引に，シナジー理論をみいだすことはできない。

　また，買い手企業の便益-7,348億円に比べターゲット企業では+4,113億円であり，この差異は買い手企業からターゲット企業へ便益が移転した証左である。したがって，買収取引においては，経営者の傲慢理論を認めることができる。

　つぎに，価値移転仮説の実証結果をみてみよう。リサーチ・デザインにもとづき合併・買収プレミアムを算出し，結果がプラスの場合を高プレミアム，マイナスの場合は低プレミアムと区分している。高合併プレミアムの実証結果をグラフ化したのが図表4-7であり（巻末図表4-⑦参照），低合併プレミアムの結果は図表4-8に示してある[11]（巻末図表4-⑧参照）。

　図表4-7をみると，高合併プレミアムにおける買い手企業のCAR_a（-45, +45）日は-1.14%であり，ターゲット企業のCAR_t（-45, +45）日の-2.59%

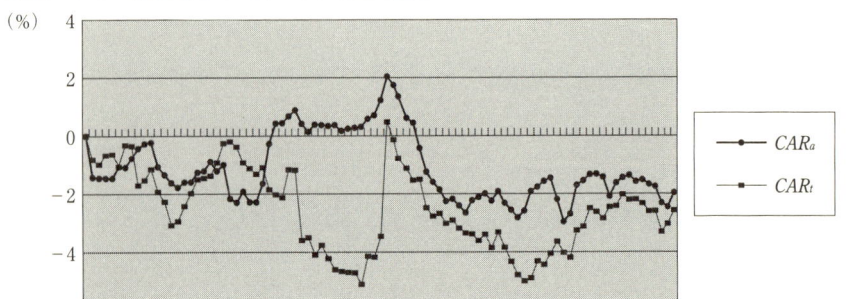

図表 4-7 高合併プレミアムのCAR対比

図表 4-8　低合併プレミアムの *CAR* 対比

[グラフ：縦軸 (%) −10〜10、横軸 −45〜45（日）、観測期間。CAR_a と CAR_t の2系列]

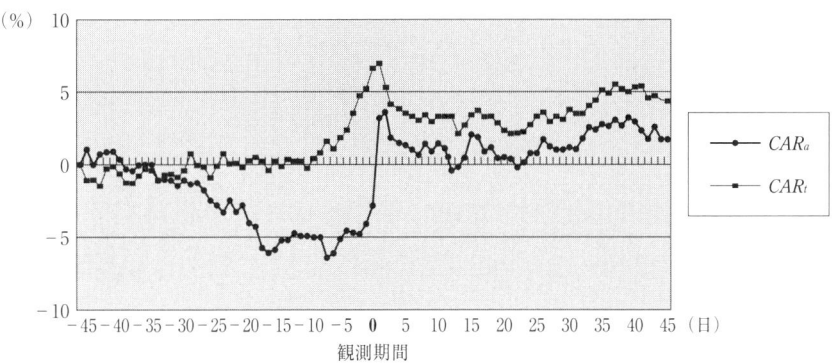

よりも高いことがわかる[12]。しかしながら，両方ともに*CAR*はマイナスを示している。

高合併プレミアムによる検証から，買い手企業およびターゲット企業の*CAR*はマイナスであり，M&Aによるシナジー効果をみいだすことはできない。また，双方の*CAR*はマイナスではあるが，買い手企業はターゲット企業よりも高い*CAR*を獲得している。イベント日近辺をみると，むしろターゲット企業の価値が買い手企業に移転しているようにもみえる。したがって，高合併プレミアムでは，シナジー理論も経営者の傲慢理論も確認することはできない。

図表4-8は，低合併プレミアムにおける，買い手企業とターゲット企業の*CAR*である[13]。買い手企業のCAR_a（−45, +45）日は−0.58％であり，ターゲット企業のCAR_t（−45, +45）日の+2.05％よりも低い。わずかではあるが，買い手企業からターゲット企業への価値の移転がみとめられる。

低合併プレミアムによる検証から，買い手企業とターゲット企業の*CAR*の合計は+1.47％であり，プラスであることがわかる。同時に，買い手企業からターゲット企業に若干の価値移転がみとめられる。したがって，低合併プレミアムにおいては若干のシナジー理論と，わずかに経営者の傲慢理論をみいだすことができる。

ここまで合併取引におけるプレミアムを検証してきたが，つぎに買収取引のプ

図表 4-9 高買収プレミアムの CAR 対比

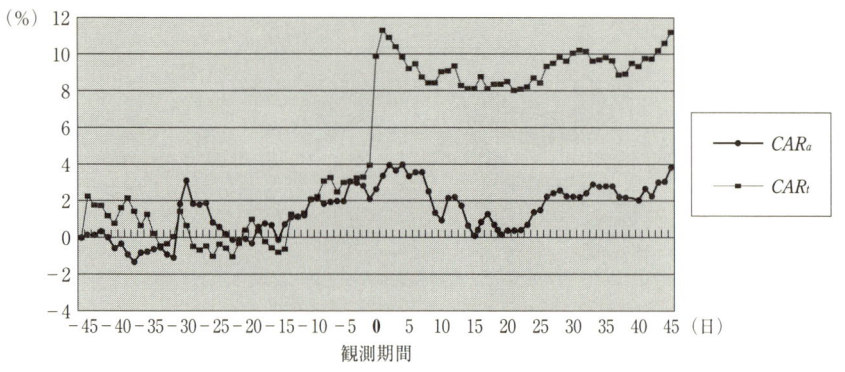

レミアムをみていこう。高買収プレミアムの実証は図表4-9で示されている[14]（巻末図表4-⑨参照）。

図表4-9は，高買収プレミアムの買い手企業CAR_aとターゲット企業CAR_tの比較である[15]。買い手企業のCAR_a（-45，+45）日は+1.44％，ターゲット企業のCAR_t（-45，+45）日の+5.14％ともにプラスである。とくに，買い手企業よりもターゲット企業のプラスが大きい。

高買収プレミアムによる検証結果から，買い手企業のCAR_a（-45，+45）日は+1.44％だが，買い手企業とターゲット企業のCAR（-45，+45）日の合計は+6.58％と大幅に高い。買い手企業からターゲット企業へ，顕著な価値の移転が認められる。したがって高買収プレミアムにおいては，若干のシナジー理論と強い経営者の傲慢理論をみいだすことができる。

5 むすび

本節では，本章の要約をおこない，M&Aの短期的な経済効果について，シナジー理論と経営者の傲慢理論の検証から得られた分析結果をまとめる。

第2節においては本章のリサーチ・デザインをおこない，検証サンプルは1998年4月1日から2008年3月31日に東京証券取引所市場第一部の企業間で

おこなわれた M&A を取りあげ，合併取引では買い手企業 65 社，ターゲット企業 65 社，買収取引は買い手企業 84 社，ターゲット企業 84 社，合計 298 社とした。検証方法は CAR，総便益と加重 CAR，合併・買収プレミアムであり，これら 3 つの評価モデルをもちいて，シナジー理論と経営者の傲慢理論の観点から実証をおこなうことを概説した。

　第 3 節では，合併および買収による短期的な M&A の株価効果について，CAR をもちいた検証をおこなった。CAR による合併取引の検証結果では，シナジー理論も経営者の傲慢理論も確認することはできなかった。他方，買収取引においては，若干のシナジー理論と強い経営者の傲慢理論をみいだすことができた。

　第 4 節では，加重 CAR の検証結果から，合併取引ではシナジー理論は認められるが，経営者の傲慢理論をみいだすことはできない。他方，買収取引の検証では，シナジー理論を確認することはできないが，強い経営者の傲慢理論が認められた。

　高合併プレミアムによる検証においては，シナジー理論も経営者の傲慢理論も確認することはできなかった。低合併プレミアムの場合は，若干のシナジー理論とわずかな経営者の傲慢理論をみいだすことができた。他方，高買収プレミアムにおいては，シナジー理論と経営者の傲慢理論を同時に確認することができた。

　これらの結果は，図表 4-10 の一覧にまとめることができる。M&A が短期的に株主価値にあたえる影響について，株価効果の視点から 3 つの評価モデルをもちいて，7 項目の実証研究をおこなった。シナジー理論は 2 項目で効果がみとめられ，2 項目において若干の効果を確認することができた。他方，経営者の傲慢理論は 3 項目で効果が認識され，1 項目で若干の効果がみいだされている。また，経営者の傲慢理論は，買収取引の場合でのみ効果が確認されることがわかった。この成果は，本研究の発見事項である。

　本章の意義は，M&A が短期的に株主価値へあたえる影響について，合併取引と買収取引，買い手企業およびターゲット企業，それぞれの視点から CAR にもとづく 3 つの検証をおこない，シナジー理論と経営者の傲慢理論から一定の成果

図表 4-10　M&A の短期的経済効果における検証結果一覧

No	実証研究	M&Aの経済効果	測定期間	N	形態	シナジー理論	経営者の傲慢理論
1	イベント・スタディ: CAR	短期間	1998/4/1- 2008/3/31	130	合併	×	×
				168	買収	△	○
2	イベント・スタディ: 総便益と加重 CAR	短期間	1998/4/1- 2008/3/31	104	合併	○	×
				152	買収	×	○
3	イベント・スタディ: 合併プレミアム	短期間	1998/4/1- 2008/3/31	40	高プレミアム	×	×
				25	低プレミアム	△	△
	イベント・スタディ: 買収プレミアム	短期間	1998/4/1- 2008/3/31	13	高プレミアム	○	○
				3	低プレミアム	-	-
					合計	○2・△2・×3	○3・△1・×3

○……仮説が認められる
△……若干の仮説が認められる
×……仮説は認められない
-……実証不能

を示唆した点にある。これまでの研究は，合併もしくは買収，買い手企業またはターゲット企業のみを対象とした一方からの研究がほとんどであるが，本研究ではより多角的に M&A の短期的な経済効果が検証されている。

ただし，CAR は M&A の短期的経済効果の検証には有効であるが，長期的効果の分析には限界がある[16]。したがって，次章以降ではパフォーマンス・スタディをもちいた，M&A が株主価値にあたえる長期的効果を検証する必要がある。

[注]
（1）　井上・加藤（2006）より引用した［井上・加藤（2006），108-109 ページ］。
（2）　レコフ『MARR』，1998 年-2008 年各月号のデータをもちいた。
（3）　東京証券取引所市場第一部に登録されている証券コードをもとに，対象期間に存続しているか否かを判定している。対象企業が上場廃止後に企業として存続している場合でも，証券コードが廃止された時点で本研究上では対象企業外とみなした。また，対象期

間内で複数回にわたりM&Aをおこなっている企業の場合は，それぞれのM&Aを個別のM&Aとしてカウントしている。
（４） 実証の結果として，買い手企業とターゲット企業の経済的効果の合計がプラスであればシナジー理論が実証される。他方，買い手企業からターゲット企業に経済的価値が移転していることが確認された場合は，経営者の傲慢理論がみいだされることになる。
（５） イベント日から6営業日前の株価終値に，期中平均発行済株式数を乗じて算出した。
（６） 本研究では合併および交換比率について，レコフ『MARR』で公表されている数値のみをもちいている。合併および交換比率が明らかにされていないM&Aに関しては，本研究の対象サンプルから除外している。
（７） なお，本検証で得られた合併におけるCAR波形の特徴は，国内の合併によるM&Aを分析した薄井（2001）などの研究結果と一致していた［薄井（2001），87-89ページ］。
（８） なお，これらの買収における特徴は，国内の買収によるM&Aを測定した松尾・山本（2006）などの研究と同様である［松尾・山本（2006），20-22ページ］。
（９） 図表4-5は，合併によるM&Aの加重CARが測定可能な買い手企業52社とターゲット企業52社，合計104社を対象サンプルとしている。
（10） 図表4-6では，買収による加重CARが測定可能な買い手企業76社とターゲット企業76社，合計152社が対象サンプルとなった。
（11） プレミアムが測定可能な合併65件のうち，高合併プレミアムは40件，低合併プレミアムは25件であった。
（12） 図表4-7の高合併プレミアムの平均は+11.60％であり，第3章で取りあげた服部（2008）の研究と比較しても，高合併におけるプレミアムは比較的高くないことがわかる。
（13） 図表4-8の低合併プレミアムの平均は-11.34％となっており，第3章の服部（2008）をみても，非常に低いプレミアムといえる。
（14） 買収プレミアムの測定可能な対象企業は，16社と少なかった。また，16社のなかでも高買収プレミアムのサンプル総数が13件であり，低買収プレミアム3件の分析はサンプル数が少なすぎるため検証していない。
（15） 図表4-9の高合併プレミアムの平均は+54.81％であり，第3章でレビューした服部（2008）と比較しても，高買収におけるプレミアムは高いことがわかる。
（16） 一般的に，M&A情報開示のインパクトが永続しないことは公知の事実であり，M&Aの情報開示が株価へもたらす効果は短期間と考えられている。第3章の注（1）でも説明したように，長期間にわたるイベント・スタディもJensen and Ruback

（1983）らで検証されているが，M&A 後の買い手企業における長期株価効果はマイナスの傾向にある。

第5章 M&Aと財務業績
―これまでの研究―

1 はじめに

　本章の目的は，M&Aが株主価値へあたえる長期的な効果を検証するために，これまでの主要な研究をレビューすることである。一般的に，M&Aの長期的効果を測定する評価モデルには，M&Aの投資にたいする回収をキャッシュフローであらわすことができる，正味現在価値法（以下ではNPVという）[1]がもちいられている。M&Aで得られたキャッシュフローの現在価値は，M&Aの利益から投資額IであらわされるM&Aの費用を差し引いた値に等しい[2]。

　しかしながら，ほとんどのM&Aにおいて投資額Iは当該企業の内部情報であり，対外的に投資額の詳細が公表されることはない。したがって，第三者が入手可能な株価や財務諸表などのデータからNPVを算出することはできず，第三者がM&Aの財務的な効果を検証する場合にNPVは不適である。

　NPV以外に，M&Aが株主価値にあたえる経済的シナジー効果の主要な評価モデルとして，財務指標分析がある。財務指標分析は，M&Aが株主価値にあたえる影響をM&A後の財務比率の推移などから検証する手法であり，パフォーマンス・スタディ（Performance Study）とよばれている[3]。

　パフォーマンス・スタディでは，総資産利益率（以下ではROAという）や株主資本利益率（以下ではROEという）など伝統的な財務指標をもちいて，M&A前後の経済的シナジー効果を長期的に検証している。また，パフォーマンス・スタディのなかには，M&A後のキャッシュフローの推移に着目した研究や，キャッシュ

フローとM&Aのイベント時に生じるCARとの相関性を分析した研究などもある。

本章の構成は，第2節でROAやROEなど伝統的な財務指標をもちいた，これまでの主要な研究をレビューする。第3節では，M&A前後のキャッシュフローの推移を検証した，主要な研究をみてみる。第4節においては，M&A前後のキャッシュフローとイベント時のCARとの相関性，すなわちパフォーマンス・スタディとイベント・スタディとの関連性を分析している研究を取りあげる。第5節では本章を要約し，これまでの主要な研究から，パフォーマンス・スタディの課題について述べる。

2 財務比率の検証

本節では，パフォーマンス・スタディのなかでも，伝統的な財務指標をもちいてM&A後の長期的な企業業績を測定している研究についてみてみる。初期の研究[4]ではMeeks (1977)などが財務分析による検証をおこなっているが，本節では多くの主要な研究で参考文献として取りあげられている，Ravenscraft and Scherer (1987)を取りあげてみる。他方，国内のM&Aを検証したパフォーマンス・スタディは歴史も浅く研究数も少ないが，そのなかでも主要な研究を取りあげてみよう。

2-1 Ravenscraft and Scherer (1987) の研究

Ravenscraft and Scherer (1987)は，テンダー・オファー[5]で買収されたターゲット企業の収益性を検証している。一般的に，テンダー・オファーは怠惰な既存経営者を交代させられるため，経営の非効率性を排除し収益性が高まるという経営改善の効果があるとされている[6]。この研究のサンプルデータは，1978年に連邦取引委員会が作成した，1950年から1976年までの10億USドル以上の資産を有する業種リストにもとづいている。このリストには，およそ6,000件のM&Aが記載されており，そのなかで95の製造会社にテンダー・オファーの事

例が存在した。そのうち25社は買収の競合が存在するなかで買収が成立しており，20社はホワイト・ナイト[7]，50社は競合なしのテンダー・オファーであった[Ravenscraft and Scherer (1987), pp. 148-150]。

収益性を測定するために，テンダー・オファー9年後のROAを主成分分析により検証し，テンダー・オファーがおこなわれていない同業種平均値との対比がおこなわれている。変数として，業種リストにおける市場占有率（SHR），プーリング法における資産比率（POOL），パーチェス法の資産比率（PURCH），プーリング法で対等併合された場合の仮変数（EQUALS），親会社により買収された場合の仮変数（NEW），ターゲット企業から買収に強く抵抗された事例（HOSTILE），ホワイト・ナイトの事例（WHITE），提示条件を上回らないで買収した場合（OTHER），以上8つの項目がもちいられている[Ravenscraft and Scherer (1987), p. 151]。

検証の結果[8]，テンダー・オファーがおこなわれた企業のROAは，テンダー・オファーがおこなわれていない企業に比べ−3.10％に悪化していることがわかった[9]。他方でテンダー・オファーをしていない企業のROAは，平均＋13.34％であった。この結果は，テンダー・オファーの仮説，すなわち買収後に収益性が改善されるという内容と一致していない[Ravenscraft and Scherer (1987), pp. 151-154]。

また，パーチェス法による買収の検証においても，ROAは業種平均よりも−2.81％と低い結果となっていた。パーチェス法の場合，のれんなどの資産評価額が高くなる傾向にあり，多くのターゲット企業において収益性が低減したものと推定されている。さらに，売上高営業利益と売上高キャッシュフローをもちいてウイリアムズ法[10]施行後の分析をおこなったが，同様にテンダー・オファーとパーチェス法の比率が，平均よりもマイナスであった[11][Ravenscraft and Scherer (1987), pp. 154-155]。このようにRavenscraft and Scherer (1987)の実証研究から，テンダー・オファーでは経営改善仮説が成立しないことが明らかにされている。

2-2　Yeh and Hoshino（2002）の研究

　Yeh and Hoshino（2002）では，国内の合併が企業業績にあたえる経済的効果と，系列企業における合併後の財務分析がおこなわれている。パフォーマンス・スタディの指標には，合併の効率性をあらわす TE（technical efficiency）= Q/I がもちいられている[12]。サンプルは，合併による効率性と系列のガバナンス機能を検証するために，1970 年から 1994 年に国内企業間で合併が達成された 86 件[13]が取りあげられている[14]。企業データは日経 NEEDS から抽出され，観測期間は合併前 5 年から合併後 5 年，合計 10 年間を対象としている［Yeh and Hoshino（2002），p. 350］。

　合併前後の業績比較は，企業業績を示す $R_t = \theta_t M_t + \varepsilon_t$ で算出され，企業業績指標の R_t は仮変数 M であらわされる。生産性の測定指標には企業の投入と生産の比率である TE = Q/I，収益性は ROA および ROE，成長性には昨年度の売上高と今年度の売上高を割って算出される SALES，昨年度の従業員数と今年度の従業員数を割って求められる EMPL，これらの指標をもちいた合併前後の検証がおこなわれている［Yeh and Hoshino（2002），pp. 353-354］。

　検証の結果，生産性は合併の 1 年前で産業平均値より−5.8％（有意ではない）低い状況であったが，さらに合併 1 年後には−11.7％（1％水準で有意）へ低下し，4 年後も−7.2％（10％水準で有意）の低いレベルにあることがわかった。収益性では，合併前は ROA が+5.3％から+5.7％（0.1％水準で有意）の水準であったが，合併後は+4.3％から+4.8％の水準に下がっていた（0.1％水準で有意）。また，ROE の結果も ROA と同様，合併後に低下しており，合併は企業の収益性に負の影響を与えていることが明らかにされた。

　成長性に関して，SALES は合併 1 年前では産業平均値よりも+9.8％と高い売上成長率を達成していたが，合併後は+4.9％から+6.2％の範囲に落ち込んでいる。EMPL については，合併 1 年前で産業平均値より+7.2％（0.1％水準で有意）と高いが，合併 2 年後では−1.5％（5％水準で有意）に低減している。この結果は，合併で多くの企業が労働者の削減をしたことを示している［Yeh and Hoshino（2002），pp. 354-356］。

これらの結果から，国内における合併は生産性，収益性，売上，雇用の成長率などに負の影響を与えることは明白であり，これまでの研究（Hoshino, 1982, 1992; Muramatsu, 1986; Odagiri and Hase, 1989）の結果とも一致している。国内の M&A は米国の事例とは異なり，多くは財務的な問題や経営の失敗がある企業の救済目的であった。株式の持ち合いなどがある国内の企業では，M&A は企業乗っ取りなど負のイメージがつきまとうため，敵対的な買収者はほとんど現れない。また，経営者の刷新や従業員の解雇などは多くの企業においてタブーである。そのような環境下において，シナジー効果を意識した合併を期待することは困難である[15]［Yeh and Hoshino（2002），p. 359］。

2-3 青木（2005）の研究

　青木（2005）は，M&A 後の財務業績について，M&A の業績と企業価値にたいする影響，株式買い占めに遭遇した企業の財務的特質と事後対応，日本の M&A 会計の状況，以上 3 つの観点から検証をおこなっている［青木（2005），4 ページ］。

　すでに青木・松尾（1993）において，米国における 1980 年から 1990 年の M&A[16]が検証されており，M&A 後に ROA，ROE が低下することが明らかにされている。本研究では，米国で 1991 年から 1998 年におこなわれた M&A[17]が，新たに検証されている。観測期間は M&A 実施年度を含めた 5 年間，サンプルは製造業 45 社，非製造業 65 社の計 110 社，財務指標には ROE，ROA，売上高営業利益率，資産回転率，EBITDA 比率，支払利息比率がもちいられている。

　まず，製造業の M&A 前 1 年と実施後 3 年後を比較検証した結果，ROE は 0.214 から 0.092，ROA では 0.144 から 0.115 に低下していることがわかった[18]。非製造業においては，ROE が -0.040 から -0.365，ROA においては 0.069 から 0.055 に推移している[19]。これらの検証の結果から，M&A 前後における指標の推移に大きな差異はみいだせないものの，製造業の ROA などは大幅に低下していることが明らかにされた［青木（2005），5 ページ］。

他方，国内の検証については，2001年10月に経営統合したトステムとINAX（持ち株会社「住生活グループ」），2003年8月に経営統合したコニカとミノルタ（「コニカミノルタホールディングス」）をサンプルとして，経営統合前後の変化をOhlsonモデル[20]をもちいて分析している。検証の結果，住生活グループは株主価値および株価総額ともに向上していることを確認したが，コニカミノルタでは株価総額が増加した一方で，株主価値は減少していた[21][青木 (2005), 5ページ]。

また，近年の国内における急激なM&A環境の変化について，村上ファンドの東京スタイルにたいする株式の買い占め，SPJSF（スティール・パートナーズ・ジャパン・ストラテジック・ファンド）のユシロ科学とソトーへの敵対的TOBの事例を取りあげ[22]，これらの案件に共通する財務的特性を検証している。分析に用いた財務指標は現金預金，有価証券，総資産，自己資本／総資産，利益剰余金／総資産，ROA，ROE，配当性向，増収率（5年平均），研究開発費／売上高，PER（実績），PER（予想），PBR（実績），β（TOPIX 5年）である。

検証の結果，共通する特徴として現金預金・有価証券を豊富に保有している，自己資本比率が高い，成長率が低い，PER（株価／1株あたり利益）が低い，PBR（株価／1株あたり純資産）が低い，βが1以下で株価変動が小さい，企業の規模が中小型，中小型株にしては役員持ち株比率が低い，ファンドによる買収がおこなわれたことを指摘している。これらの要因として，株主にたいする利益還元の環境変化を取りあげている。米国では資金を配当よりも再投資に回し，株価上昇や株式分割をおこなう傾向にある。たとえばデルコンピューター，マイクロソフト，オラクル，シスコシステムなど，黒字でも無配の企業は多い。他方，国内では業績が良い企業でも配当性向は20％以下の企業が多く，近年のファンドは短期的志向から株式分割よりも配当を要求している。このような環境の変化も，国内M&Aの動向に影響をあたえている［青木 (2005), 6-7ページ]。

最後に，国内M&Aに関する会計について，営業権の視点から検証している。米国ではSFAS141の企業結合会計から，M&Aにより貸借対照表上に営業権が計上される。他方，国内においては営業権が借方のみに計上されることから，「企業結合に係る会計基準（2003年10月）」では営業権の貸方計上，すなわち負の

のれんを認め，営業権と連結調整勘定はすべて20年以内で規則的に償却することになった［青木（2005），8-9ページ］。

日本企業のM&Aによる財務的影響について研究蓄積は少ない。この研究で検証しているM&Aによる業績と企業価値の変化，M&Aに係る会計など，経営分析の視点から研究を今後も進めていくべきである［青木（2005），10ページ］。

3 キャッシュフローにたいする影響

本節では，M&Aが株主価値へあたえる長期的な効果について，M&A前後のキャッシュフローを検証した研究を取りあげる。

3-1 Seth（1990）の研究

Seth（1990）では，買収がもたらす経済的価値の要因について，キャッシュフローの視点から検証がおこなわれている。本研究は，本業に関連していない事業買収よりも，本業に関連した事業買収の方が経済的効果をもたらすという仮説の実証である［Seth（1990），pp. 431-432］。

サンプルは，1962年から1979年の間におこなわれた，テンダー・オファーによる買収102件である[23]。これらのサンプルは，買収時の総資産がすくなくとも10億USドル以上を有するメーカー，または素材メーカーで構成されている。この102件のうち52件は本業関連事業買収であり，50件が非本業関連事業買収の事例であった[24]。

評価モデルは，要求利益と期待キャッシュフローに起因する，平均価値変化をもちいている。企業の所有する資産から生じる価値は，その資産が生み出す将来のキャッシュフローへの期待と資産にたいするリスクを反映し，現在価値に割引かれた期待キャッシュフローとして算出される。

この研究では，統合されたふたつの企業の資産をひとつの資産とみなしているため，買収の結果ポートフォリオが向上すれば増加分はポートフォリオの期待キャッシュフロー，低下している場合はリスクによる減少ということになる。した

がって，期待キャッシュフローかリスク低減のどちらかが変化，もしくは両方の変化によって生じる価値増加の分析により，その要因が特定されるはずである [Seth (1990), pp. 435-437]。

評価モデルは，ΔV_i は買収による価値の変化，S_i は合併企業のシナジー効果，$E(V_i)$ は合併後の期待価値，$E(X_i*)$ は買収前後の期待キャッシュフロー平均値，$1/E(R_i)$ ではリスクを算入し，以下のとおり構築されている [Seth (1990), p. 436]。

$$\frac{\Delta V_i}{E(V_i)} = \frac{\overline{\frac{1}{E(R_i)}}\Delta E(X_i*)}{E(V_i)} + \frac{\overline{E(X_i*)}\Delta \frac{1}{E(R_i)}}{E(V_i)} \tag{1}$$

評価モデルの分析結果により $S_i = \lambda_i + \mu_i$ が求められ，S_i はふたつの企業が併合したシナジー効果によって得られる価値，λ_i は期待キャッシュフロー（ECF）から得られた価値，μ_i は要求利益から得られた価値となる [Seth (1990), p. 436]。

検証の結果，全体サンプルのシナジー効果は＋9.296％（$t=6.63$），本業事業関連買収の場合は＋10.545％（$t=5.08$），非本業事業関連買収で＋7.997％（$t=4.25$）であり，いかなる買収の種類においてもシナジー効果が反映されていることがわかった。期待キャッシュフローは全体で＋12.855％（$t=2.86$），本業事業関連買収＋16.854％（$t=2.19$），非本業事業関連買収＋8.696％（$t=1.96$）となっており，すべてにおいてキャッシュフローの価値創出は高い水準にある [Seth (1990), p. 439]。非本業関連事業買収よりも，本業関連事業買収において期待キャッシュフローの創出が高いという結果は，Seth (1990) の仮定と一致している [Seth (1990), pp. 439-440]。

3-2 Healy, Palepu, Ruback (1992) の研究

Healy, Palepu, Ruback (1992) の目的は，買収後の存続企業のキャッシュフローを検証し，買収により生じたキャッシュフローの要因を特定することにある。買収前後のキャッシュフローの増減を測定し，業界調整キャッシュフローと

の比較をおこない，買収がキャッシュフローに影響をあたえているかを検証している [Healy et al. (1992), pp. 135-137]。

サンプルは，米国で1979年から1984年におこなわれた，取引金額の上位50件の買収を対象としている。M&Aのデータは *Wall Street Journal Index* に掲載された，New York Stock Exchange (NYSE) もしくは American Stock Exchange (Amex) に上場している企業である。ただし金融企業と規制会社は，特別な会計をおこなっており他の企業との比較が困難なためサンプルから除外している[25]。

買収の規模は，*Compusat* で計算された株価の市場価値と負債総額の簿価を足したものと，買収前年度初頭の株価を参照したデータである[26]。これらのサンプル分析対象期間は，合併年度を除く買収前-1年，買収後+5年，合計6年間を対象とした [Healy et al. (1992), pp. 137-139]。

業績の指標として，買収により生じたキャッシュフローと資産の比率をもちいている。キャッシュフローは実際の資産から生じる経済的利益をもっとも適切にあらわしている指標であり，キャッシュフローの増減により買収の経済的効果の測定が可能となる。キャッシュフローは，売上高-売上原価-一般経費および販売管理費+減価償却費+のれん償却費として算出している[27][Healy et al. (1992), pp. 139-140]。

買収後の業界調整のキャッシュフロー収益 (the industry-adjusted cash flow return for company i) は，買収後に獲得されたキャッシュフローもしくは超過収益としての α と，買収前のキャッシュフローに業種平均値を調整した業種調整のキャッシュフロー収益，変数 ε を足した式で求めることができる [Healy, et al. (1992), p. 147]。

$$IACR_{post, i} = \alpha + \beta IACR_{pre, i} + \varepsilon_i, \tag{2}$$

買収前後を比較した結果，平均キャッシュフロー増加率は1年で+14%，2年目で+17%，3年と4年目では+16%，5年目は+9%であり，すべての年度でプラスであった [Healy et al. (1992), p. 146]。

同時に，正味キャッシュフロー収益も検証している。買収前-5年から-1年

までの正味キャッシュフロー収益の平均は+24.5%から+26.8%の範囲，平均+25.3%となっている。他方，買収後+1年から+5年までは+18.4%から+22.9%，平均+20.5%であり，買収前より低下していた。この現象の要因は，買収後は資産の増加よりもキャッシュフロー増加のほうが遅延するためと考えられる [Healy et al. (1992), pp. 147-148]。

つぎに業種偏差キャッシュフローを検証し，買収後のキャッシュフローの改善要因の分析をおこなった。業界偏差キャッシュフロー収益は，買収企業の価値と加重平均された業界偏差見積の残差で求められる。その結果，業種偏差営業収益における増加は営業利益率の増加より，むしろ資本回転率の増加に要因があることが示された。

資本回転率における業種偏差は+0.2%改善されており，存続企業は獲得した資産を，より効率的に活用しているようにみえる。また，業種偏差雇用成長率は低減し，業種年金費用は業種平均よりも低い結果となった。これらの結果は，人件費の低減が営業効率を改善したと考えられるが，人件費のみの低減が業績改善の主要因とは言い切れない。

研究開発費は買収前に比べてほとんど変化がない。設備投資率は買収前+14.4%，買収後+10.6%と低下しているが，それらの業種の構成比率からみると大きな影響ではない。時価の資産売却で得られたキャッシュ伸長率は，買収前も買収後も+0.6%であり変化がない。簿価の資産売却は買収前が+0.9%，買収後が+1.3%と増加している[28]。これらのことから，買収後のキャッシュフローは業種平均を上回っており，主に資本回転率が改善されていることがわかった [Healy, et al. (1992), pp. 152-156]。

3-3 Ghosh (2001) の研究

Ghosh (2001) は，買収による業績の改善について検証している。Healy et al. (1992) では，存続企業の業績は業種平均企業と比較して，買収後に改善するという結果が得られている。しかしながら，サンプル企業が買収前に比べ，一時的に業種平均企業よりも高い業績を出している可能性はないのであろうか。一時的に

高い業績を出している場合，何かしらのバイアスの存在を疑うことができる。

　バイアスの原因として，少なくともふたつの要因が考えられる。ひとつは意図的に企業規模の異なる企業間で買収が実行された場合，ふたつ目は優れた業績が出ている時期の企業を買収先としてみつけている場合である。したがって，この研究ではできる限りのバイアスを除去するため，新たな評価モデルを構築している [Ghosh (2001), pp. 151-153]。

　サンプルデータは，1981年から1995年までの間におこなわれた買収を対象としている。ただしマネジメント・バイアウト，レバレッジド・バイアウトは除外し，かつ1998年時点で企業が存続している企業に限定した[29]。その結果，315件のサンプルを入手することができた。測定期間は買収前後3年間，買収の発生した年度を除く合計6年間を分析している [Ghosh (2001), pp. 153-154]。

　Healy et al. (1992) では，買収後の業績測定方法として，買収前後のキャッシュフローの増減を算出し，その後で業種調整キャッシュフローとの比較をおこなっている。この分析の結果，買収後の存続企業のキャッシュフローは業種平均値を上回っており，買収が業績を改善することが明らかにされている。

　しかしながらこの回帰分析は構造上，分析の結果にバイアスがかかってしまう可能性が高い。このバイアスは，存続企業が業種平均企業よりも，買収前の企業が永続的もしくはたまたま一時的に優れた業績をあげているかどうかという状況に依存する，測定誤差にもとづく計量分析上の問題である。したがって，バイアスなしに買収後の業績評価を分析するためには，単なる業種調整キャッシュフローとの対比ではなく，買収前のキャッシュフローを明らかにしたうえで業種調整キャッシュフローのバイアスを除去しなければならない [Ghosh (2001), pp. 155-156]。

　この研究で使用する変動切片は，対比対象となる業種調整キャッシュフローのバイアスをできる限り除去することを目的としている。買収前後のキャッシュフローの誤差は，買収により生み出される係数で示される収益αにキャッシュフローをかけたものと，確率的誤差を調整するεをたした式で示される。εは一時的に業績が優れていた場合の確率的誤差を表している。したがって，買収前後に

おいて，CF + ε を定義することにより回帰式のバイアスが低減されるのである [Ghosh (2001), pp. 151-153]。

$$(Cash\ flow_{post}^{adj} - Cash\ flow_{pre}^{adj}) = \alpha Cash + \varepsilon \tag{3}$$

この評価モデルをもちいた結果，総資産にたいするキャッシュフローの割合は，買収実施年度の −3 年で +16.65%，−2 年 +15.80%，−1 年 +15.07%，買収後では +1 年が +15.52%，+2 年 +15.11%，+3 年が +14.58% と低下していることがわかった [Ghosh (2001), p. 166]。したがって，キャッシュフローが買収により改善されるという根拠をみいだすことはできない [Ghosh (2001), p. 176]。

ただし，買収時の資金の支払い形態がキャッシュフローの増減に与える影響について分析をしたところ，株式の買収に比べ，現金による買収は買収後のキャッシュフローが年 +3.94% も増加することをみいだしている。本研究の結果から，サンプル企業と業界平均企業の間における，企業規模や業績状況などの条件により，業界平均との比較検証にはバイアスが生じることが明らかにされたのである [Ghosh (2001), p. 177]。

4 *CAR* とキャッシュフローの接合

M&A により，超過利益として *CAR* が生じることは株価効果の研究で明らかにされている。しかしながら，*CAR* が将来期待されるキャッシュフローの正味現在価値にもとづく超過収益とするならば，M&A 後における一定期間のキャッシュフローは *CAR* と相関して増加しているはずである。本節ではこの仮説にもとづき，*CAR* による株価効果と M&A 後のキャッシュフローとの相関性を分析した，これまでの研究を取りあげる。

4-1　Healy, Palepu, Ruback (1992) の研究

Healy, Palepu, Ruback (1992) は，米国の 1979 年から 1984 年の買収において，買収によりキャッシュフローが業界平均と比べて改善されたことを明らかにし

た。しかしながら，この研究にはもうひとつの重要な成果がある。買収で生じるキャッシュフローと，*CAR* の相関性についての検証である。

M&A の情報開示による株価市場における再評価は，将来期待される業績改善を反映しているはずである。もし株価が将来期待される業績の現在価値であるならば，M&A における株式市場の再評価と実際の M&A 後の業績指標として，株価効果とキャッシュフローには正の相関性があるはずである［Healy et al.（1992），pp. 156-157］。

Bradly, Desai, and Kim（1988）の株価効果に関する研究では，ターゲット企業の *CAR* が高く，買い手企業の *CAR* は低い傾向にあることを明らかにしている。その仮説にしたがい，サンプル 50 社の買収発表 5 日間における *CAR* 平均値を検証したところ，ターゲット企業で＋41.8％，買い手企業は－3.6％であり，これまでの主要な研究結果と同様であることがわかる［Healy et al.（1992），p. 157］。

CAR の検証だけでなく，M&A により将来期待される利益が生み出されていることを検証するために，M&A の資産収益について分析した。その結果，資産収益はターゲット企業で＋40.6％，平均で＋32.5％だが，買い手企業との合算平均では＋5.2％であった。*CAR* と同様，資産収益でも買い手企業の収益が低いことがわかる［Healy et al.（1992），pp. 157-158］。

資産収益を検証したうえで，*CAR* と買収後のキャッシュフローの相関性を分析している。この2つの相関性は回帰式 *LACR* で算出され[30]，現在価値に割り引かれた税引き前の割引率は＋24％と，高い数値であることがわかった。この結果は，この研究の仮定と一致している。買収前の業績において見積もられた割引率は正であり，統計的に有意である。これらのことから，買収後のキャッシュフローと，M&A の情報開示時の株価にたいする市場の再評価との相関性について，つぎの2つの解釈ができる。ひとつは株式市場の効率性が保たれている場合，買収前の業績から見積もられた割引率は合理的であるということ。ふたつ目は，M&A の情報開示時における *CAR* と，買収後のキャッシュフローの間に正の関係があることである［Healy et al.（1992），pp. 158-160］。

さらに，この研究では事業関連性の高い買収後の業績についても検証してい

る。買収した企業同士が事業的に関連性の強い場合は+5.1％という高い業績改善がみられ，買収後の業績がそれ以外の場合に比べて改善していることがわかった。事業関連性の高い買収は，買収後の業績改善に強い影響をあたえている［Healy et al.（1992），pp. 161-163］。

4-2 薄井（2001）の研究

薄井（2001）は，国内のM&Aが，買い手企業とターゲット企業の株主価値にあたえる影響について検証している。サンプルは1989年から1999年の期間におこなわれた国内のM&A[31]，買い手企業およびターゲット企業の双方が株式を上場，もしくは店頭公開している買収73件，営業譲渡11件，合併36件の合計120件である。日次株式収益率は［株価CD-ROM2000］（東洋経済新報社）から算出し，財務データは［日経NEEDS財務データファイル］（日本経済新聞社）をもちいている［薄井（2001），80ページ］。

市場モデルにより算出されたCARにより，これまでの米国における主要な研究と同様，国内のM&Aでもターゲット企業の株主は買い手企業よりも大きなリターンを獲得していた[32]。そのうえで，CARと財務指標との相関性がクロスセクションをもちいて検証されている。財務指標の変数はM&Aのタイプ，事業の関連性，経営効率と経営実績，企業規模，キャッシュフロー，コーポレートガバナンス関連指標，レバレッジの7つである[33]［薄井（2001），95-100ページ］。

検証の結果，買い手企業では資本提携のような，ゆるやかなM&AのタイプでCARが高く，事業関連性の高い企業のM&Aでも，買い手企業のCARと財務指標はプラスに相関していた。買い手企業の経営効率性を示すTobinのqと，買い手企業のCARはプラスに関連したが，企業規模において買い手企業のCARと有意ではない。ターゲット企業のキャッシュフローは，買い手企業のCARと有意であるが，買い手企業のガバナンスとCARはほとんど連動しない。また，負債比率と長短借入金比率の係数は有意なプラスであるが，その他負債比率と買い手企業のCARは相関していないことがわかった［薄井（2001），101-103ページ］。

他方，ターゲット企業の場合，資本提携のようにゆるやかなM&Aのタイプ

でCARが高いが，事業関連性は有意に関連していない。また，ターゲット企業のCARはTobinのqと有意ではないが，ターゲット企業の企業規模が小さいほど買い手企業のCARは大きいことがわかった。ターゲット企業のCARはキャッシュフローと関連せず，ガバナンスも財務指標とCARは有意ではない。負債比率はいずれもマイナスであり，ターゲット企業のCARと有意ではないことが明らかにされている［薄井（2001），103-105ページ］。

分析の結果から，買い手企業のCARは財務指標と有意に関連しているが，ターゲット企業においては相関性が低いことが明らかにされた［薄井（2001），105-107ページ］。

5 むすび

本章の目的は，M&Aが株主価値へあたえる長期的な効果を検証するために，これまでの主要な研究をレビューすることであった。第2節では，ROAやROEなどの財務指標をもちいた，パフォーマンス・スタディを取りあげた。Ravenscraft and Scherer（1987）はテンダー・オファーによる買収の場合，テンダー・オファーをおこなっていない業種平均値に比べM&A後のROAが低下することを明らかにしている［Ravenscraft and Scherer (1987), pp. 151-154］。Yeh and Hoshino（2002）も，国内の系列企業における合併後に，ROA，ROEともに低下することをみいだした［Yeh and Hoshino (2002), pp. 354-356］。

第3節においては，M&Aは将来期待されるキャッシュフローを生みだすという仮説にもとづき，M&A後のキャッシュフローに着目したパフォーマンス・スタディをレビューした。Healy, Palepu, Ruback（1992）は，買収後のキャッシュフローを業界調整キャッシュフローと比較した結果，買収がキャッシュフローの改善に貢献していることを明らかにした［Healy et al. (1992), pp. 164-165］。他方，Ghosh（2001）は買収によりキャッシュフローが改善されるという根拠をみいだすことができないとしている［Ghosh (2001), p. 176］。

第4節は，CARとM&A後のキャッシュフローとの相関性，すなわちパフ

図表 5-1　M&Aの長期的経済効果の研究体系

1970年代	1980年代	1990年代	2000年代
・Meeks（1977）	・Mueller（1980） ・Ravenscraft, Scherer（1987）	・青木（1993） ・Dickerson, Gibson, Tsakalotos（1997） ・Yeh and Hoshino（2002） ・青木（2005）	
		財務指標分析 →	
		キャッシュフロー分析 →	
		・Seth（1990） ・Healy, Palepu, Ruback（1992） ・Healy, Palepu, Ruback（1997） ・Ghosh（2001）	
			クロスセクション分析 → ・Healy, Palepu, Ruback（1992） ・薄井（2001）

出所：本章から筆者作成。

ォーマンス・スタディとイベント・スタディの関連を分析した研究を取りあげた。Healy et al.（1992）では，買収後の *CAR* とキャッシュフローの相関性が有意であることを明らかにしている［Healy et al.（1992），pp. 161-163］。薄井（2001）は，*CAR* は買い手企業の財務指標とは有意に関連しているが，ターゲット企業の場合は相関性が低いことを明らかにしている［薄井（2001），105-107ページ］。

これらの研究を概観すると，Ravenscraft and Schere（1989）と Ghosh（2001）はM&Aの経済的シナジー効果をみいだすことができないと結論づけているが，他方で Healy et al.（1992）らはM&Aの経済的シナジー効果を実証している。この検証の差異をみるかぎり，株主価値の測定にもちいるサンプル，取引形態，指標，評価モデルなどにより，得られる結果は異なるようである。これまでと同様の検証方法で十分な分析が可能か否か，慎重な検討が必要である。

〔注〕
(1) Net Present Value の略語，一般的に NPV といわれている。
(2) M&A の NPV は等式，NPV = (VAB − VA) − I で算出される。
(3) アカウンティング・スタディ（accounting study）ともいわれているが，本研究ではパフォーマンス・スタディ（performance study）という表現に統一している。
(4) Meeks (1977) は英国での 1964 年から 1972 年まで，233 件の M&A 後の財務分析をおこない買収企業の ROA は合併後に低下する傾向にあることを明らかにしている。その後では Mueller (1980) が米国における 1962 年から 1972 年までの 287 件の M&A を取りあげ，M&A をおこなっていない競合他社と比較をして ROA，ROE ともに向上していないという研究を発表した。
(5) テンダー・オファーとは，株式公開買付（TOB）のこと。
(6) これらの仮説にもとづく実証研究は Dodd and Ruback (1977) など，多くの研究者により検証がおこなわれている。Dodd and Ruback (1977) らは，テンダー・オファーは高い CAR を獲得していることをみいだしている。
(7) ホワイト・ナイトとは，買い手企業 A により敵対的買収にさらされているターゲット企業を，買い手企業 B がターゲット企業の経営者と協力し買い手企業 A の買収を阻止，買い手企業 B がターゲット企業を友好的に買収すること。
(8) 主成分分析の結果は以下のとおり，検定結果も有意である。
$OPINC：A =$ ［257constants］$− 3.10 TENDER + 30.18 SHR + 0.66 POOL − 2.81 PURCH + 0.83 NEW + 1.43 EQUALS$；$R2 = 0.1823$, N = 2732；mean $OPINC：A = 13.34$.
(9) テンダー・オファー前は，ターゲット企業の ROA は業種平均に比べて − 0.97％であった。したがって，テンダー・オファー後にさらに ROA は悪化していることがわかる。
(10) ウイリアムズ法とは，別名ウイリアムズ・アクト（Williams Act）と呼ばれ，1968 年に米国で制定された株式公開買付の規制法のこと。株式公開買付の対象となったターゲット企業を鑑み，株式公開買付をおこなう買い手企業の資料を SEC へ提出すること，株式公開買付の期間を少なくとも 20 日間とすることなどが定められている。
(11) 一般的にウイリアムズ法の施行後は買収プレミアムが増加していると考えられているが，この研究ではテンダー・オファーの場合においては買収プレミアムが低下していることがわかった
(12) TE は，生産量 Q を投入量 I で割ることで求められる。
(13) 86 件のうち 51 件が系列系，35 件が独立系の合併であった
(14) すべて東京証券取引所に所属している企業である。
(15) なお，もうひとつの検証である合併企業を系列系と独立系に区分した分析の結果，生

産性において独立系企業は合併前の産業平均値よりも低い生産性であった。しかしながら，合併4年後には産業平均値に近づきつつあり，大きな低減とはいえない。他方，系列系の合併企業は合併前も合併後も産業平均値近辺を維持している。収益性においては，独立系企業の収益性は低減しているが大きな低下ではない。たとえば，合併前4年と合併後4年の収益性の差異は－0.5％（有意ではない）である。他方，系列系企業の収益性は大幅に低下しており合併前4年と合併後4年の収益性の差異は－1.2％（1％水準有意）である。ROEも同様の結果であった。成長性では独立系企業，系列系企業ともに合併後の成長性は低下している。しかしながら，ここでも独立系企業よりも系列系企業の落ち込みのほうが大きい［Yeh and Hoshino（2002），pp. 359-364］。

　これらの結果から，系列系の企業の合併は投資の失敗であり，結果として業績が悪化している。したがって系列が効率的な機能を有しておりエイジェンシーコンフリクトを調整し企業の効率性を向上させるという仮説と一致していない。むしろ，系列はグループ内の脆弱な企業にたいする経営資源の再分配，企業の健全性，経営のてこ入れという役割を演じていると考えられる。しかしながらそれらの対応は，エージェンシーコストと関連し結果として企業価値を低下させる可能性がある［Yeh and Hoshino（2002），pp. 364-365］。

(16) 取引額上位30社の製造業のM&Aをサンプルとしている。
(17) 当該期間に，米国で1回でも10億USドル以上のM&Aを実施した企業をサンプルとしている。
(18) 売上高営業利益率は0.145から0.140，資産回転率が1.062から0.847，EBITDAでは0.190から0.156，支払利息比率は0.018から0.030で推移していた。
(19) 売上高営業利益率においては0.197から0.155，資産回転率では0.563から0.621，EBITDAは0.104から0.091，支払利息比率が0.095から0.091と推移していた。
(20) Ohlson（1995）は，企業の超過収益力を算出するために，財務諸表には記載されていないが価値のある情報（v）を盛りこみ，線形情報モデル（LIM）を構築した。
(21) 住生活グループの場合，統合前の株主価値は250億円程度，株価総額が500億円弱であったが，統合4年後はそれぞれ300億円強，600億円弱に増加していた。他方，コニカミノルタにおける統合前の株主価値1,000億円，株価総額は500億円程度，統合2年後には株主価値700億円程度，株価総額は600億円弱に推移していた。
(22) 村上ファンドは委任状争奪戦で東京スタイルの株式議決権24％を取得，2001年2月期の株主総会に配当金500億円，自己株取得340億円を要求したが否決された。SPJSFはユシロ科学とソトーへの同時敵対的TOBにたいしてユシロは配当を14円から200円に増配，ソトーは1株14円から3年間で500円に増配しTOB価格以上にすることで買

収を防衛した。

(23) U. S. FTCの *Report on Mergers and Acquisitions*（1981）のリストに記載されている。
(24) この研究における本業関連事業買収の定義は，水平買収，垂直買収などによる生産と市場の拡大をさす。同様に非本業関連買収の定義は，その他の純粋なコングロマリットによる買収形態を意味している［Seth（1990），pp. 432-433］。
(25) M&Aの買収者が米国以外の企業，もしくは個人企業の場合も除外している。
(26) そこには買い手企業とターゲット企業の名前，Value Lineレポートからそれらの事業と産業の詳細が記されており，対象企業は27の業種，被買収企業は33の業種に属している。
(27) キャッシュフローは，M&Aの1年後から5年後までのデータをもちいてキャッシュフローを求めている。
(28) この理由として，買収後に稼動率の低い資産を売却した可能性が指摘され，これは人件費の低減と資本回転率の増加の説明にもつながる要因である。また，買収の際，資産が時価よりも高い評価価額で簿価に記載された可能性もある。経営者は，のれんなどの資産を時価よりも高く評価する傾向にある。したがって，これらの指標の増減と資産売却が，買収後のキャッシュフロー改善に強い影響をあたえるとはいいきれない。
(29) この研究では，米国のデータベース *CRSP* と *Compusat tapes* にデータが含まれている企業を対象とした。*Compusat* にデータがない金融機関と公共機関については対象から外している。
(30) $LACR\ post,\ i = \beta\ LACR\ pre,\ i + \Theta V/V_i + \varepsilon_i$ で求められる。
(31) 『日経会社情報』と『MARR』を参考にして収集されている。
(32) 買い手企業は公表日から−20日まで21日間の*CAR*（−20, 0）日は+2.490%（z統計値+2.524），公表日前後の3日間の*CAR*（−1, +1）日は+1.621%（z統計値+2.995），公表前後2日間の*CAR*（−1, 0）日は+0.923%（z統計値+2.054）である。これらの*CAR*は統計的に有意なプラスのリターンである。他方，ターゲット企業においては，*CAR*は+6%から+2%の範囲にあり，すべてのイベントウインドウの*CAR*がプラスのリターンである。21日間の*CAR*（−20, 0）日は+6.251%（z統計値+5.274），公表日前後の3日間の*CAR*（−1, +1）日は+4.078%（z統計値+9.071），公表前後2日間の*CAR*（−1, 0）日は+3.077%（z統計値+8.816）である。ノンパラメトリック検定でも，イベント日前の*CAR*（−20, 0）日，イベント日前後の*CAR*（−1, 0）日，*CAR*（−1, +1）日のプラスは，いずれも有意である。これらの実証結果から，1990年代のM&Aは，その公表時に買い手企業の株主に，平均+2%前後，ターゲット企業の株主には平均+4%程度の株主価値をもたらした。これらのリターンは統計的に有意である。

(33) ①M&Aのタイプ変数は，変数として，合併・買収・営業譲渡＝1，買い手企業の出資比率が過半数を超えない買収（資本提携）＝0とする。②事業の関連性変数。東証業種コードが同じ＝1，その他＝2とする。③経営効率と経営実績。それぞれTobinのqと総資産利益率（ROA）によって推測される。q＝株主資本時価＋長期負債／総資産簿価，ROA＝経常利益＋支払利息／期末総資産（簿価），ターゲット企業の成長性＝$\sqrt[3]{\text{M\&Aの1期前売上高／M\&Aの4期前売上高}}-1$　とする。④相対的サイズ。Servaes（1991）やMulherin and Boone（2000）らと同様，相対的なサイズ＝log（ターゲット企業の株式時価総額／買い手企業の株式時価総額）と定義する。⑤フリーキャッシュフロー＝営業利益＋減価償却費－支払利息－支払法人税－支払現金配当（中間・期末）／期末総資産，キャッシュ有高＝現金・預金＋有価証券／期末総資産とする。⑥コーポレートガバナンス関連指標。経営者持株比率・大株主持株比率・金融機関持株比率・買手企業持株比率とする。⑦レバレッジ関連指標。負債比率・長期借入金比率・その他負債比率とする。

第6章

M&Aがもたらす長期的財務効果
―PBRをもちいて―

1 はじめに

　本章の目的は，M&Aが長期的に株主価値へあたえる影響を測定し，M&Aの経済的シナジー効果について，シナジー理論と経営者の傲慢理論から検証することである。M&Aが財務にもたらす長期的な影響は，M&Aが株主価値におよぼす経済効果を，数年間にわたり動態分析することで可能となる。

　長期的なM&Aの経済的シナジー効果を測定する評価モデルは，特定の財務指標をもちいたパフォーマンス・スタディが一般的である。多くのパフォーマンス・スタディでは，財務諸表から得られるROAやROE，キャッシュフローなどの財務指標をもちいて，収益性，安全性，成長性などの検証がおこなわれている。これら伝統的な財務分析は，一般的な経営分析の視点からも適切な手法といえる。

　しかしながら，株主価値を直接的に測定することができれば，M&Aの経済的シナジー効果をより正確に検証することが可能となる。本章では，株主価値を直接測定することができる評価モデルを検討し，M&Aの長期的な経済的シナジー効果を検証する。

　第2節では，株主価値を直接的に測定できる評価モデルを検討し，本研究に適切な検証方法を特定する。第3節および第4節では，株主価値を直接測定することが可能な評価モデルをもちいて，いくつかの検証をおこなう。第3節では，M&Aがもたらす経済的シナジー効果について，全体的な傾向を明らかにする。

第4節においては，年度平均値とベンチマークの比較検証，さらに伝統的なROAによる検証をおこなう。これらの検証により，買い手企業およびターゲット企業にプラスの効果がみいだされた場合はシナジー理論が実証される。他方，買い手企業からターゲット企業へ価値の移転が確認されれば，経営者の傲慢理論が実証される。第5節においては，本章の要約をおこない，本研究の成果と課題について述べる。

2　リサーチ・デザイン

　本節の目的は，株主価値を直接測定できる評価モデルを検討し，対象とするサンプル・データを明らかにすることである。M&Aの長期的な株主価値を測定する評価モデルとして，特定の財務指標をもちいたパフォーマンス・スタディが一般的である。パフォーマンス・スタディでは，ROA，ROE，キャッシュフローなどの伝統的な財務指標がもちいられてきた。

　しかしながら，株主価値を直接測定することができれば，より適切にM&Aの経済的シナジー効果を検証できることはいうまでもない。Palepu, Healy and Bernard（2001）では，株主価値の評価モデルとして配当の割引，超過利益の割引，割引キャッシュフロー（DCF）分析，そして株価倍率による評価モデルを取りあげている [Palepu et al. (2001), pp. 281-312]。これらの4つの評価モデルを調査し，より適切な株主価値の測定方法を検討していこう。

　配当の割引は，株主が企業からキャッシュによる配当を受け取るため，株主資本の価値は将来配当の現在価値である。予想された年の配当を DIV，資本コストを r_e であらわした場合に，株主価値の評価は以下公式で求められる [Palepu et al. (2001), p. 283]。

$$株主資本の価値 = \frac{DIV_1}{(1+r_e)} + \frac{DIV_2}{(1+r_e)^2} + \frac{DIV_3}{(1+r_e)^3} + \cdots \quad (1)$$

　割引超過利益の場合，株主資本の変化が毎期損益計算書に記載される前提で，

初年度期末の株主資本簿価の期待値（BVE_1）は初年度期首の資本簿価（BVE_0）に期待利益（NI_1）を足し，期待配当（DIV_1）を差し引き以下の公式に置きかえられる［Palepu et al.（2001），p. 284］。

$$DIV_1 = NI_1 + BVE_0 - BVE_1 \tag{2}$$

割引配当にこの公式を代入すれば，株式価値は株主資本簿価と将来の期待超過利益の現在価値を足して算出される。超過利益は純利益から期首の株主資本簿価に割引率を乗じて計算されることから，次のように表すことができる［Palepu et al.（2001），p. 284］。

$$株主資本の価値 = BVE_0 + \frac{NI_1 - r_e \cdot BVE_0}{(1+r_e)} + \frac{NI_2 - r_e \cdot BVE_1}{(1+r_e)^2} \tag{3}$$

割引キャッシュフロー・モデルでは，配当割引モデルから配当がフリー・キャッシュフローへ置きかえられることを前提に構築され，配当は営業キャッシュフローから資本流出を差し引き債権者からの正味キャッシュフローを足したものとなる。NI は純利益，ΔBVA は正味営業資産の簿価変化，$\Delta BVND$ が正味負債の簿価推移とすると，配当割引モデルは株主に帰属するフリー・キャッシュフローの現在価値として予測することができる［Palepu et al.（2001），p. 300］。

$$\begin{aligned}株主資本の価値 &= 株主資本に帰属するフリー・キャッシュフローの現在価値 \\ &= \frac{NI_1 - \Delta BVA_1 + \Delta BVND_1}{(1+r_e)} + \frac{NI_2 - \Delta BVA_2 + \Delta BVND_2}{(1+r_e)^2} + \cdots\end{aligned} \tag{4}$$

ここまで配当割引モデル，割引超過利益モデル，割引キャッシュフロー・モデルをみてきた。これらはアナリストなどに実務上もちいられているものであり，株主資本を算出する際の主要な評価モデルといえる。しかしながら，これらのモデルは数年間にわたる将来の配当，超過利益，キャッシュフローなどのアナリス

トによる予想が必要となり，将来の割引率の予測誤差の大きさや急激な市場の変化などにより，必ずしも精度の高い株主価値を算出できない可能性をはらんでいる。また，財務諸表など会計監査を受けたデータではなく，特段規制のないアナリストによる将来の予想にもとづく評価モデルは，主観的なバイアスが内在している可能性を否定できず，実証にもちいる評価モデルとして適切とはいえない。

他方，株価倍率モデルによる株主資本の評価は，アナリストによる将来的な予測が不要である。株価倍率をもちいた分析をおこなう場合，倍率の基礎となる売上高，利益，キャッシュフロー，株主資本簿価，資産帳簿価格など価値に関する指標を選択し，比較可能な価値の指標を推定する。仮に超過利益による評価式を株主資本の簿価で割った場合，左辺は株価の代わりに株価・簿価比率，右辺はROEとなる。株価・簿価比率の評価モデルは，以下のように示すことができる[1][Palepu et al. (2001), p.292]。

$$\text{株価・簿価比率}$$
$$= 1 + \frac{ROE_1 - r_e}{(1+r_e)} + \frac{(ROE_2 - r_e)(1+gbve_1)}{(1+r_e)^2}$$
$$+ \frac{(ROE_3 - r_e)(1+gbve_1)(1+gbve_2)}{(1+r_e)^3} + \cdots \quad (5)$$

この評価モデルは将来の超過ROE，株主資本簿価の成長率，株主資本コストの3つの変数によって構成されており，将来の超過ROEはROEから株主資本コストを引いた $ROE-r_e$ となる。そのため正の超過ROEである企業は，その正味資産を株主価値増大のために投資が可能となり，株主・簿価比率は1より大きくなる。したがって，この評価モデルをもちいることにより企業のROEがいかに高くもしくは低くなるか，企業の投資規模すなわち株主資本の簿価がどのくらい成長するかを測定することができる。

要するに，M&Aという投資により株主資本コストを上回る事業に投資された場合は株価・簿価倍率が向上し，他方そうでない場合には株価・簿価倍率は低下するのである。株価・簿価比率による株主価値の評価モデルは，割引率の予測な

しでM&Aによる株主価値の評価を可能としている［Palepu et al.（2001），p. 292］。

ただし株価倍率モデルを使用する場合，業種的に関連する企業間で価格倍率が異なる場合が多く，比較できる代表的なベンチマークをみいだすことは困難といわれている。しかしながらPalepu et al. (2001) は，同様の業界に属するすべての企業の株価・簿価倍率の平均を取り，評価の対象を業界の典型的な企業にすることで，問題が回避されることを示唆している［Palepu et al.（2001），p. 289］。したがってサンプル企業の株価倍率と，サンプル企業の所属する株式市場の株価倍率平均値などを比較基準のベンチマークとして使うことができれば，この課題は克服することが可能となる。

本章では株主価値を測定するための評価モデルとして，株価倍率をもちいることにした。株価倍率で一般的に使用される指標は，株価で一株あたりの純資産額を割る株価純資産倍率（以下ではPBRという）である。これは，東京証券取引所でもちいられている株価倍率の指標がPBRであることからも明らかである。本研究における株価倍率は，PBRをもちいることにする[2]。

ベンチマークについては同等な企業規模の比較が望ましいため，同一の証券取引所に所属する企業をサンプルとして選択する。本研究では東京証券取引所市場第一部の企業のみを対象とし[3]，ベンチマークには東京証券取引所が公表している［東証PBR長期データ］に記載された，毎月の市場第一部平均PBRを使用する[4]。

本研究で分析する対象サンプルは，1998年4月1日から2008年3月31日までの10年間において国内で合併もしくは買収をおこなった，東京証券取引所市場第一部の上場企業である[5]。本研究で使用したデータは，以下のとおりである。

① 各社『有価証券報告書』，1994年-2008年。
② 東京証券取引所『東証要覧』，1994年-2008年各年号。
③ 日本経済新聞社『日経経営指標〈全国上場会社版〉』，1994年-2008年各年号。
④ 日本経済新聞社『日経会社情報』，1994年-2008年各四季号。

⑤　レコフ『MARR』，1998年-2008年各月号。

　サンプルは，合併取引の買い手企業38社（巻末図表6-①参照），買収取引における買い手企業78社（巻末図表6-②参照），ターゲット企業8社（巻末図表6-③参照），合計124社となった[6]。なお，合併におけるターゲット企業は，測定期間内にすべてが消滅していることから，分析対象から除外している。

　これらのデータをもちいて，10年間にわたるPBRの推移を検証していく。t-4年からt+5年の10年間，それぞれt年の全社平均PBRを検証し，買い手企業とターゲット企業の両方がM&Aの前よりもプラスであれば，シナジー理論をみいだすことができる。他方，M&A後における買い手企業のPBRがターゲット企業よりも低い場合は，買い手企業からターゲット企業への価値移転，すなわち経営者の傲慢理論が確認されることになる。

---

1. 全社平均PBRをもちいた検証

シナジー理論：買い手企業とターゲット企業の両方にM&A前よりもプラスのPBRをもたらす。

経営者の傲慢理論：M&A後の買い手企業のPBRがターゲット企業よりも低い。

　ふたつ目の検証は，10年間の年度別の平均PBRを，ベンチマークと比較検証することである。1998年度から2007年度の年度別平均PBRと，東京証券取引所［東証PBR長期データ］の年度別平均PBRの比較検証をおこなう。M&A後の買い手企業とターゲット企業，両方のPBRがベンチマークに比べプラスであればシナジー理論が認められる。他方，M&A後の買い手企業のPBRはベンチマークより低く，ターゲット企業のPBRがベンチマークより高ければ経営者の傲慢理論をみいだすことができる。

2. 年度別平均 PBR と東証 PBR 長期データ年度別平均の比較による検証
シナジー理論：M&A 後の買い手企業とターゲット企業の両方にベンチマークの平均よりもプラスの PBR をもたらす。
経営者の傲慢理論：M&A 後の買い手企業の PBR はベンチマークより低く，ターゲット企業の PBR がベンチマークより高い。

さらに，伝統的な評価モデルである，ROA をもちいた検証もおこなう。サンプルは検証 1 および 2 と同様の条件である。

3. 年度別 ROA 平均をもちいた検証
シナジー理論：M&A 後の買い手企業とターゲット企業の両方にプラスの ROA をもたらす。
経営者の傲慢理論：M&A 後の買い手企業の ROA がターゲット企業よりも低い。

3 PBR をもちいた検証

　本節の目的は，株価倍率をもちいて，M&A が長期的に株主価値へあたえる影響を明らかにすることである。t−4 年から t+5 年，合計 10 年間における全社平均 PBR を検証する。M&A 後の買い手企業とターゲット企業の PBR がプラスであれば，シナジー理論を確認することができる。他方，M&A 後における買い手企業の PBR がターゲット企業よりも低い場合，買い手企業からターゲット企業へ価値が移転しているとみなし，経営者の傲慢理論がみいだされることになる。合併と買収，それぞれ 10 年度分の PBR をみていこう。10 年間にわたる PBR の推移は，下記図表 6−1 から図表 6−3 のとおりである。

　まず図表 6−1，合併取引における買い手企業の PBR をみてみる（巻末図表 6−④参照）。t−4 年度の PBR＋1.8 から t−1 年度 PBR の＋1.4 へ，PBR は−0.4 ポイントの降下をし続ける。しかしながら，M&A がおこなわれた t 年度の PBR は

第6章 M&Aがもたらす長期的財務効果

図表 6-1 合併 買い手企業のPBR

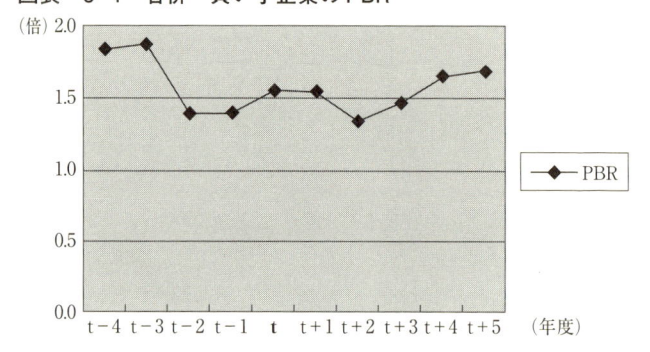

図表 6-2 買収 買い手企業のPBR

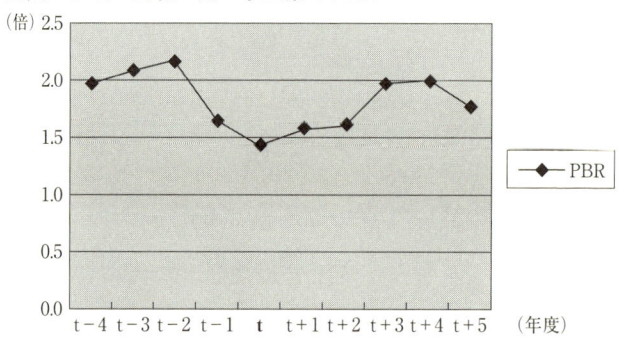

図表 6-3 買収 ターゲット企業のPBR

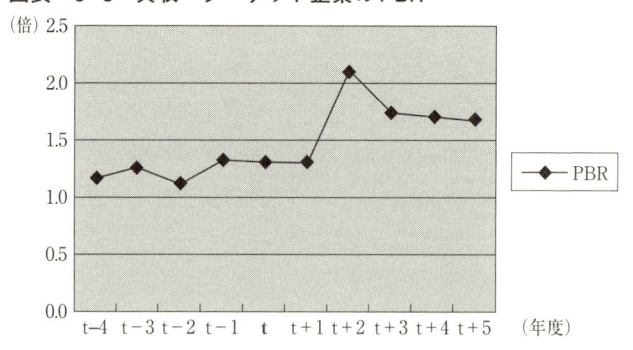

＋1.5となり，＋0.1ポイント上昇している。

　M&A後は，t＋2年度にいったん＋1.3まで下がるが，t＋3年度の＋1.5からt＋5年の＋1.7まで＋0.2ポイント上昇している。合併取引の買い手企業は，M&Aは株主価値にt年度からプラスの効果をもたらし，その後もPBRを一定レベルに維持していることがわかる。M&Aは合併における買い手企業にたいして，M&Aの3年後から一定の効果をもたらしている。

　買収取引の買い手企業PBRは，図表6-2のとおりである（巻末図表6-⑤参照）。買い手企業のPBRは，t−4年度の＋2.0からt年度＋1.4まで大幅に下がっており，とくにt−2年度の＋2.2からt年度の＋1.4にかけて低下が著しい。その後，t＋1年度＋1.6から上昇し，t＋4年度の＋2.0にかけて高くなる。買収取引における買い手企業の場合も，合併取引の買い手企業と同じく，t＋3年度から顕著にプラスの効果があらわれていることがわかる。

　買収取引におけるターゲット企業のPBRは，M&A前のt−2年度の＋1.1からt＋2年度に＋2.1へ，＋1.0ポイントも上昇している（巻末図表6-⑥参照）。その後，t＋3年度から＋1.7へ−0.4ポイント低下するものの，M&A以前のPBRより高いレベルを維持している。買収取引のターゲット企業においても，M&Aは株主価値にたいしてプラスの影響をあたえていた。

　本節検証の結果から，PBRはすべての実証でt＋3年度以降に増加する傾向にあり，M&Aが長期的に経済的シナジー効果をもたらすことは明白である。したがって，全社平均PBRをもちいた検証では，シナジー理論を確認することはできるが，経営者の傲慢理論はみいだせない。

4　PBRのベンチマークとROAによる検証

　本節の目的は，サンプルの年度別平均PBRとベンチマークの比較検証をおこなうことである。M&Aを実行した年度をt年として，−4年から＋5年までの範囲すなわち1998年度から2002年度，5つの期間のPBRを比較検証していく。M&A後の買い手企業とターゲット企業の両方がベンチマークよりプラスであれ

ば，シナジー理論を確認することができる。他方，M&A後の買い手企業のPBRがベンチマーク以下，ターゲット企業のPBRがベンチマーク以上であれば，経営者の傲慢理論をみいだすことになる。

しかしながら，1998年度から2002年度にわたるPBRを年度別に分析する場合，買収取引におけるターゲット企業のサンプル数が著しく少なくなってしまう。そのため，年度ごとに買収取引のターゲット企業を分析することはできない。また，先述のとおり合併におけるターゲット企業は，対象企業がすべて消滅しているため検証が不可能である。したがって，本節検証によりシナジー理論の検証，経営者の傲慢理論をもちいた検証は困難である。

ただし，合併取引および買収取引の買い手企業平均PBRと，ベンチマークの比較検討をおこなうことは可能である。平均PBRがベンチマークと比較してどのような傾向となっているのか，買い手企業の観点からのみでも検証することに意義はあろう。

したがって，本節では10年間にわたるPBRの動向について，合併取引および買収取引における買い手企業の平均PBRと，ベンチマークの差異に着目した検証をおこなう。分析対象はt=1998年度からt=2002年度，5つの期間である[7]。

買い手企業の1998年度から2002年度までの年度別推移グラフは，図表6-4から図表6-13に示してある。これらのデータにもとづき，各年度の買い手企業

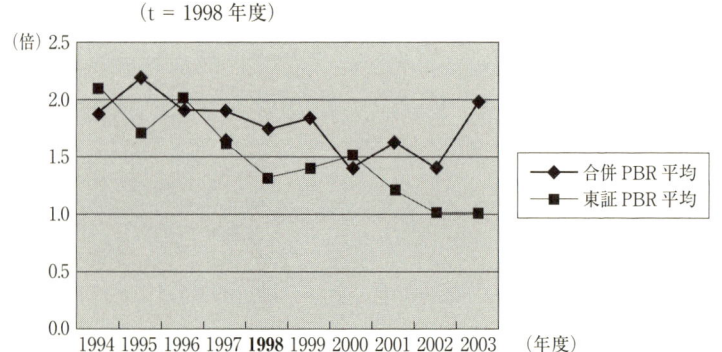

図表 6-4 合併 買い手企業平均PBRとベンチマークとの比較
(t = 1998年度)

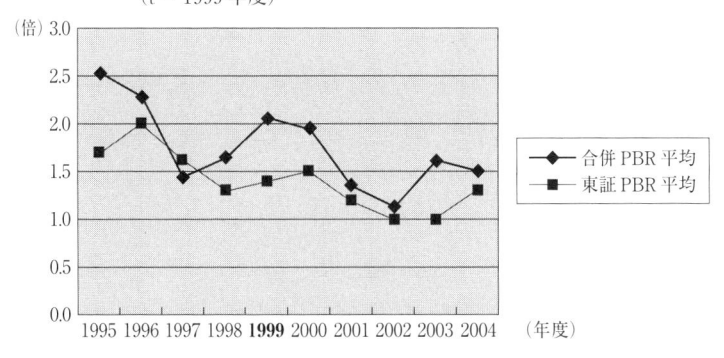

図表 6-5　買収　買い手企業平均PBRとベンチマークとの比較
(t = 1998年度)

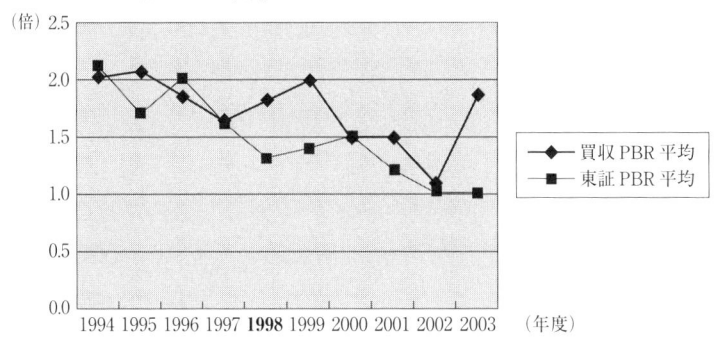

における平均PBRと、ベンチマークの比較をみてみよう。

1998年度に合併を実施した、買い手企業の平均PBRとベンチマークとの比較をおこなう。M&Aの4年前である1994年度から2年前の1996年度まで、買い手企業の平均PBRはベンチマークより0.1から0.2ポイント程度低い。しかしながら、M&Aを実施した1998年度以降は買い手企業の平均PBRがベンチマークより高く、とくに5年後の2003年度の買い手企業の平均PBRは、ベンチマークを1.0ポイントも上回っていることがわかる。

他方、1998年度が買収実施年度の買い手企業平均PBRとベンチマークとの対

図表 6-6　合併　買い手企業平均PBRとベンチマークとの比較
(t = 1999年度)

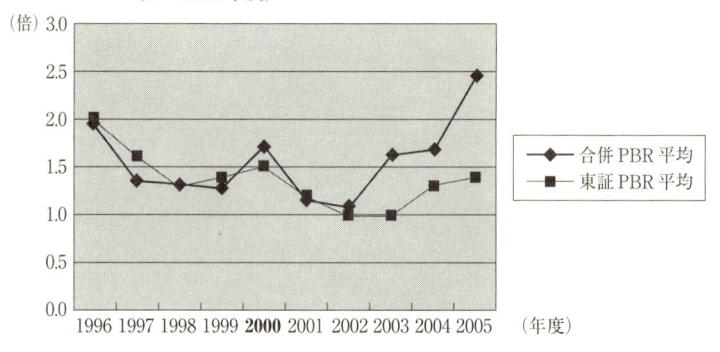

104　第6章　M&Aがもたらす長期的財務効果

図表　6-7　買収　買い手企業平均PBRとベンチマークとの比較
(t = 1999年度)

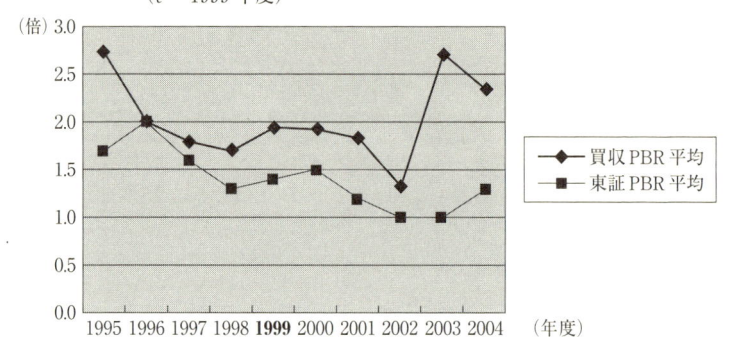

比は，M&A以前以後にわたり，買い手企業の平均PBRはベンチマークより高い。とくにM&A後は顕著であり，5年後となる2003年度の買い手企業平均PBRは，ベンチマークにたいして0.9ポイントも上回っている。

1999年度が合併年度である，買い手企業の平均PBRとベンチマークとの比較をおこなう。M&Aの4年前である1995年度から5年後の2004年度まで，買い手企業の平均PBRは，1997年度を除いてベンチマークより0.1から0.8ポイント程度高くなっている。総じて，買い手企業の平均PBRがベンチマークを上回っていることがわかる。

図表　6-8　合併　買い手企業平均PBRとベンチマークとの比較
(t = 2000年度)

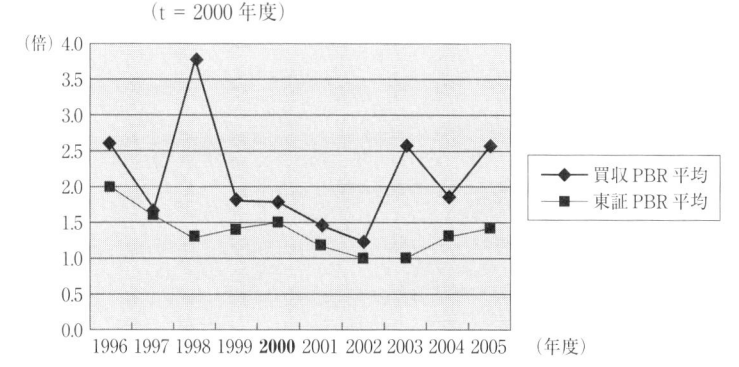

図表 6-9　買収　買い手企業平均 PBR とベンチマークとの比較
（t = 2000 年度）

他方，1999 年度が買収年度である買い手企業の平均 PBR とベンチマークとの対比も，M&A 以前から以後にわたり，買い手企業の平均 PBR はベンチマークよりポイントが高い。とくに，M&A の 4 年後にあたる 2003 年度の買い手企業平均 PBR は，ベンチマークに比べて 1.7 ポイントも上回っている。

2000 年度が合併年度の，買い手企業の平均 PBR とベンチマークとの比較をおこなう。M&A の 4 年前である 1996 年度から 2 年後の 2002 年度にかけて，買い手企業の平均 PBR はベンチマークと比較して最大でも 0.2 ポイント差と大きな違いはない。しかしながら，M&A の 3 年後 2003 年度以降，買い手企業の平均

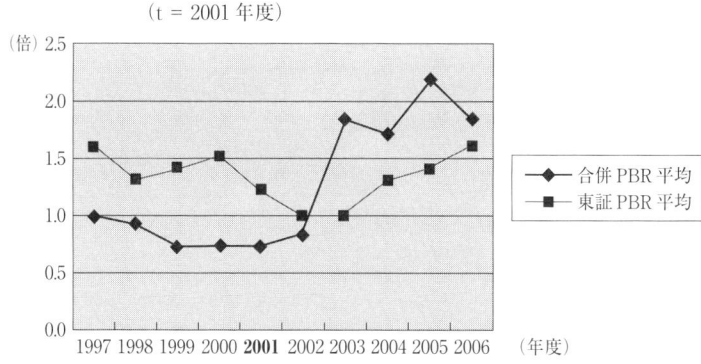

図表 6-10　合併　買い手企業平均 PBR とベンチマークとの比較
（t = 2001 年度）

PBRはベンチマークより高くなっている。とくに5年後の2005年度は、買い手企業平均PBRが2.5であり、ベンチマーク1.4にたいして0.9ポイントも上回っていることがわかる。

他方、買収における対比をみると、M&A前からM&A後にかけて買い手企業の平均PBRはベンチマークをすべての年度で上回っている。とくにM&Aの5年後である2005年度の買い手企業平均PBRは、ベンチマークに比べて1.2ポイントも高い。

2001年度が合併年度である、買い手企業の平均PBRとベンチマークとの比較

図表 6-11 買収 買い手企業平均PBRとベンチマークとの比較
(t = 2001年度)

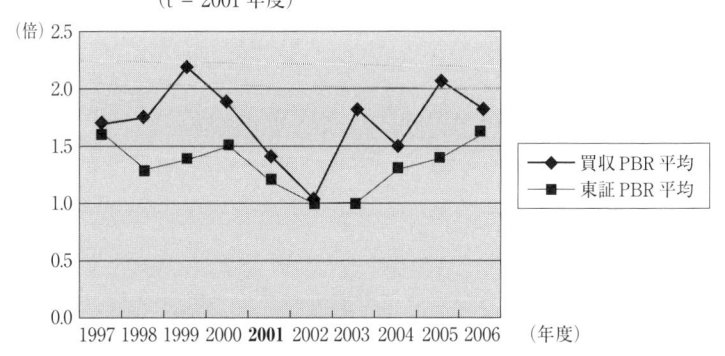

図表 6-12 合併 買い手企業平均PBRとベンチマークとの比較
(t = 2002年度)

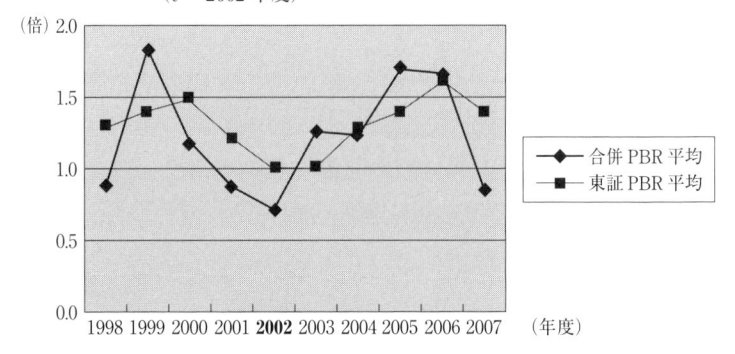

をおこなう。M&A以前からM&A実施年度にかけて，買い手企業の平均PBRはベンチマークより0.2から0.8ポイント低い。しかしながら，M&Aの2年後では買い手企業平均PBRがベンチマークに比べて0.2から0.8ポイント上回り，M&A前と逆になっていることがわかる。

他方，2001年度に買収をおこなった買い手企業平均PBRとベンチマークとの対比は，M&Aの4年前である1997年度から5年後の2006年度まで，買い手企業の平均PBRはベンチマークより0.1から0.8ポイント高くなっている。すべての年度において，買い手企業の平均PBRがベンチマークを上回っている。

図表 6-13　買収　買い手企業平均PBRとベンチマークとの比較
(t = 2002年度)

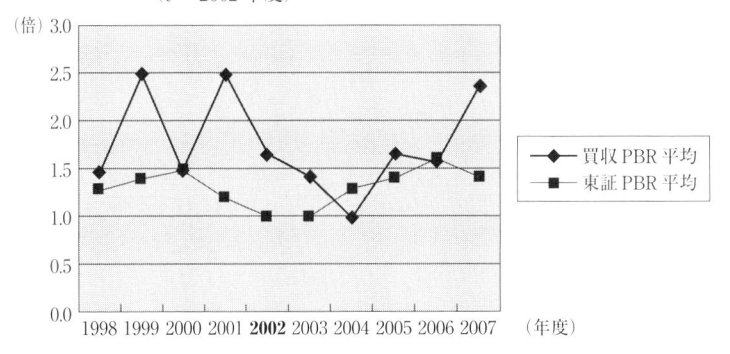

2002年度が合併年度である，買い手企業の平均PBRとベンチマークを対比する。M&Aの4年前から合併年度の2002年度まで，1999年度を除いて買い手企業の平均PBRはベンチマークよりも0.3ポイント程度低い。その後，M&Aの4年後である2006年度まで買い手企業の平均PBRはベンチマークに比べて高いが，5年後には再び下回る。

他方，2002年度が買収年度のデータをみると，買い手企業の平均PBRは，2004年度以外ベンチマークを上回っている。とくにM&Aの5年後である2007年度の買い手企業平均PBRは，ベンチマークに比べて1.0ポイント高くなっていることがわかる。

すべての合併取引における年度別平均PBRと，平均ベンチマークPBRの比較

データをみると，M&A の 4 年後から 5 年後にかけて平均 PBR はベンチマークを上回っている。とくに 4 年後からの差異は著しく，M&A の株主価値にたいする強いプラスの影響をみいだすことができる。このように，合併取引による M&A は，長期的に株主価値へプラスの効果をあたえていることがわかる。

買収取引の年度別平均 PBR と，平均ベンチマーク PBR の検証結果をみてみる。買収取引の平均 PBR は，総じてベンチマークを上回っているものの，M&A の 4 年前から M&A の実施年度にかけておおきく下降している。その後も，M&A の 2 年後まで PBR は下がり続けていることがわかる。しかしながら，M&A の 2 年後から 3 年後にかけて PBR 平均は急上昇し，結果としてベンチマークよりも高い PBR を示している。このように，買収取引においても，M&A が株主価値にプラスの影響をもたらしていることを確認できる。

これらの結果から，M&A は合併取引および買収取引においても，株主価値の指標である PBR を高め，さらにベンチマークである東証平均よりも高い PBR をもたらすことがわかった。本節は合併取引および買収取引の買い手企業に限定した検証ではあるが，M&A 後にベンチマークよりも高い PBR を示したデータが得られたことは，M&A が株主価値にたいしてプラスの効果をあたえること，すなわち M&A が経済的なシナジー効果を創出することを示唆する重要な結果である。

本研究の結果は，M&A 後は ROA が下がるために M&A には経済的シナジー効果がないとする Ravenscraft and Scherer（1987）［Ravenscraft and Scherer（1987），pp. 151-154］，Yeh and Hoshino（2002）［Yeh and Hoshino（2002），pp. 354-356］などの伝統的な経営分析をもちいた研究結果と比べ，取りあげた評価モデルは異なるものの大きな相違がある。他方，キャッシュフローを指標として検証をおこなった Healy et al.（1992）は，M&A 後のキャッシュフロー増加をみいだし［Healy et al.（1992），pp. 152-156］，本研究と同様に M&A の経済的シナジー効果をみいだしている。

そこで，伝統的な ROA をもちいた検証も試みてみよう[8]。合併取引と買収取引における，M&A 前後の ROA は図表 6-14 から図表 6-16 のとおりである。

4 PBRのベンチマークとROAによる検証　109

図表 6-14 合併　買い手企業ROA

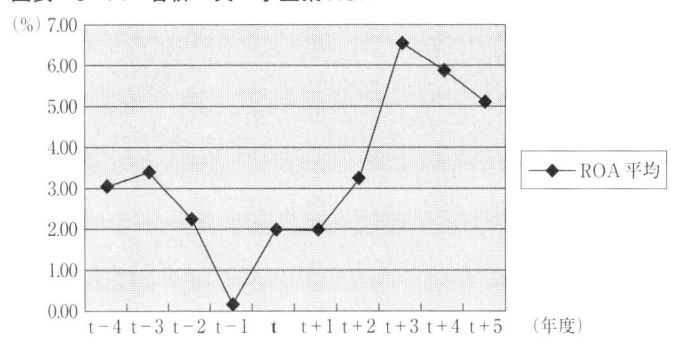

図表 6-15 買収　買い手企業ROA

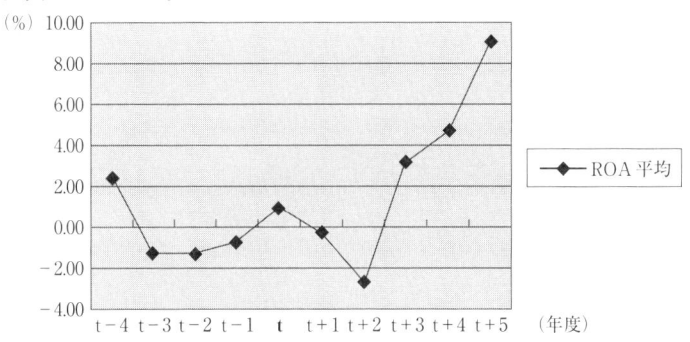

図表 6-16 買収　ターゲット企業ROA

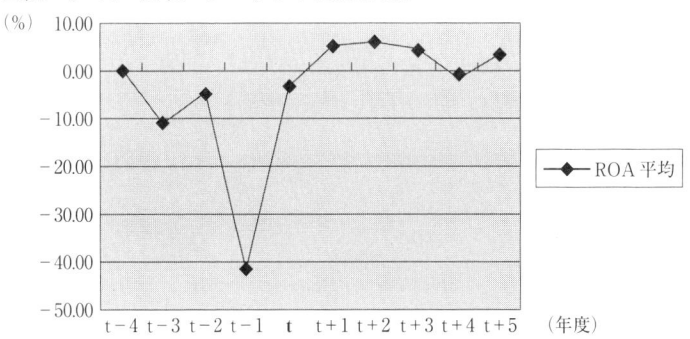

合併取引における買い手企業では，M&Aがおこなわれた年度からROAは急激に上昇していることがわかる（巻末図表6-⑦参照）。他方で買収取引の買い手企業は，M&Aの実施年度にROAは若干上がり，3年後から急激に増加している（巻末図表6-⑧参照）。買収取引におけるターゲット企業では，M&A実施年度までマイナスのROAを示しているが，M&A後はプラスのROAに転じている（巻末図表6-⑨参照）。買い手企業およびターゲット企業ともにM&A後のROAがプラスであることから，シナジー理論をみいだすことができる。他方，買い手企業とターゲット企業のROAに顕著な相違はなく，経営者の傲慢理論を確認することはできない。このように，ROAの検証からも，M&Aが長期的に株主価値へプラスの経済的シナジー効果をもたらしていることがわかる。

しかしながら，本研究の結果はROAという伝統的な評価モデルをもちいているにもかかわらず，Ravenscraft and Sherer（1987）［Ravenscraft and Scherer（1987），pp. 151-154］，Yeh and Hoshino.（2002）［Yeh and Hoshino（2002），pp. 354-356］の結果と大きく異なっている。この要因を分析してみると，これまでの研究と比較して明らかに異なる要因は，分析対象としたサンプル企業と測定期間の2つである。

米国のM&Aを検証したRavenscraft and Sherer（1987）は別として，Yeh and Hoshino（2002）のサンプルは国内における1970年から1994年までの86件，合併前5年から合併後5年までの合計10年間のデータであった。他方，本研究のサンプルは国内における1998年度から2007年度という，これまでの研究に比べて新しいM&A事例を対象としている。本書の第1章第4節で先述した1999年の国内会社法改正など，国内M&A市場の環境変化が，これまでの研究結果と異なる影響をあたえている可能性を指摘することができる。

また，本研究の結果は，M&Aが短期間に株主価値へあたえる効果を検証した松尾・山本（2006）を支持するものである。松尾・山本（2006）は，1999年以降の国内M&Aにおいて，会社法改正によるM&A取引形態の規制緩和がM&Aの経済効果を増加させることを実証している［松尾・山本（2006），24-32ページ］。

5 むすび

　本章の目的は，M&Aが株主価値にあたえる長期的な影響を測定し，M&Aのもたらす経済的シナジー効果を，シナジー理論と経営者の傲慢理論から検証することであった。M&Aが株主価値におよぼす長期的な影響は，これまでROA，ROE，キャッシュフローなど伝統的な評価モデルをもちいた検証がおこなわれてきた。しかしながら，株主価値そのものを直接測定できる評価モデルを使用すれば，より適切にM&Aが株主価値におよぼす影響を測定することが可能となる。

　第2節において株主価値を直接測定できる評価モデルを検討した結果，本研究では株価倍率をもちいることにした。株価倍率で一般的に使用される指標は，株価で一株あたりの純資産額を割るPBRであることから，本研究ではPBRを測定指標としている。また，比較基準とするベンチマークとして，東京証券取引所が公表している［東証PBR長期データ］に記載された市場第一部平均PBRを取りあげた。サンプルは，1998年4月1日から2008年3月31日までのM&Aから，合併取引では買い手企業38社，買収取引においては買い手企業78社とターゲット企業8社，合計124社である。

　第3節においては，全社平均PBRによる検証をおこなった。その結果，合併取引および買収取引における買い手企業とターゲット企業，すべてのケースでM&A後にPBRが上昇することがわかった。全社平均PBRの結果から，シナジー理論はみいだすことができるが，経営者の傲慢理論を確認することはできない。

　第4節では，年度別の平均PBRとベンチマークの比較分析をおこなった。しかしながら，1998年度から2002年度にわたるPBRを年度別に分析する場合，買収取引のターゲット企業のサンプル数は著しく少ない。そのため，年度ごとに買収取引のターゲット企業を分析することは困難である。また，合併取引におけるターゲット企業も，対象企業がすべて消滅しているため検証ができない。

ただし，合併取引と買収取引における，買い手企業の平均 PBR とベンチマークの比較検証は可能であり，平均 PBR がベンチマークと比較してどのような傾向となっているのか，買い手企業の観点からのみでも検証することに意義はあろう。本節では，平均 PBR とベンチマークの差異に限定した検証をおこなった。

合併取引においては，M&A の4年後から5年後にかけて平均 PBR がベンチマークを上回っていた。とくに4年後からの増加は明らかであり，M&A の4年後以降に強いプラスの影響をみいだすことができる。合併取引による M&A は，長期的に株主価値へプラスの効果をあたえていることがわかった。

買収取引の結果はベンチマークを上回っているものの，M&A の4年前から M&A の実施年度にかけて PBR は下降し，その後も M&A の2年後あたりまで下がり続けていた。しかしながら，M&A の3年後から平均 PBR は急上昇し，買収取引の場合においても M&A が株主価値におよぼすプラスの影響をみいだすことができる。

これらのことから，M&A は合併取引および買収取引においても長期的に株主価値を高め，さらにベンチマークである東証平均よりも高い PBR をもたらすこ

図表6-17 M&A の長期的経済効果における実証結果一覧

No	実証研究	M&A の経済効果	測定期間	N	形態	シナジー理論	経営者の傲慢理論
1	パフォーマンス・スタディ：全体平均 PBR	長期間	1998/4/1－2008/3/31	38	合併	○	×
				86	買収	○	×
2	パフォーマンス・スタディ：年度別平均 PBR とベンチマークの比較	長期間	1998/4/1－2008/3/31	38	合併	－	－
				86	買収	－	－
3	パフォーマンス・スタディ：ROA	長期間	1998/4/1－2008/3/31	37	合併	○	×
				84	買収	○	×
					合計	○4・△0・×0	○0・△0・×4

○……仮説が認められる
△……若干の仮説が認められる
×……仮説は認められない
－……実証不能

とがわかった。本節は買い手企業のみを対象とした検証ではあるが，M&A 後にベンチマークよりも高い PBR が示されたことは，M&A の経済的シナジー効果を示唆する重要な結果である。

ROA の検証では，合併取引において M&A がおこなわれた年度から大きく上昇していた。他方，買収取引でも M&A の 3 年後から急激に増加している。このように，ROA においても M&A のシナジー効果を確認することができた。

本章におけるすべての実証結果を，図表 6-17 で概観してみよう。M&A が長期的にプラスの経済的シナジー効果をもたらすことは，検証結果からみて明らかである。

〔注〕
（1） $gbvet$ は，$t-1$ 年度から t 年度までの株主資本簿価の成長率，$BVE_t - BVE_{t-1}/BVE_{t-1}$ に等しい。
（2） 株価純資産倍率（Price Book-value Ratio）は，各社の t 年度の決算期末日の株価をもちいて，PBR＝決算月末日株価／決算月末日1株当たり純資産で算出している。また，1株当り純資産は，資本合計／連結発行株式数（自己株式除く）である。
（3） 本来は東京証券取引所市場第一部に所属する企業においても，そのなかで規模と業種を明確に区分することが望ましいがサンプル数が少なくなり偏りも生じてしまうため，東京証券取引所市場第一部所属企業という区分のみで分類した。
（4） 東京証券取引所が公表している〔東証 PBR 長期データ〕では，連結決算にもとづく平均 PBR は連結決算制度が導入された 1999 年度からしか公表されていないことから，それ以前の 1994 年度から 1998 年度の平均値は単独決算にもとづく平均 PBR をもちいている。矢内（2006）「単独決算情報との比較による連結決算情報の企業価値関連性の検証」では，新連結財務諸表原則の施行後に単独決算に比べて連結決算情報の有益性が高まったか否か，また単独決算情報と連結決算情報どちらが企業価値と関連性が強いかについて，Ohlson モデルをもちいて実証研究をおこなっている。その結果，1996 年度以降はそれ以前にたいして連結決算情報と企業価値の関連性は高まっているが，単独決算情報と比較したときの連結決算情報の企業価値関連性は，新原則施行前と比べて顕著に拡大していないことが明らかにされている。決算情報と企業価値すなわち株主価値の関連性という観点からみた場合，単独決算情報と連結決算情報の牽連性には特段の優劣はないといえる。本研究ではデータ不足を補うという視点だけではなく，単独決算情報

も株主価値を反映しているという研究も鑑み，1999年度以前の平均PBRには単独決算のデータをもちいることにした。
（5） 分析期間は，M&Aの公表年度をt年として，M&A以前のt−4年間からM&A後のt＋5年，合計10年間を対象としている。たとえば1998年度がt年のt−4年は1994年度となり，2008年度がt年のt＋4年は2012年度となる。しかしながら，2008年3月31日までのデータを対象としているため，実際にはt−4年が1994年度，t＋5年が2007年度までの期間が対象となる。
（6） 1998年4月1日から2008年3月31日までの対象となるM&Aのデータから，t−4年が1994年度t＋5年が2007年度という条件をあてはめ，t−4年とt＋5年の期間に東京証券取引所市場第一部にまだ登録されていないもしくは登録が廃止となった10年度分のデータが入手できない企業は除外した。

　また東京証券取引所に登録されている証券コードをもとに，対象期間に存続しているか否かを判定した。対象企業が上場廃止後に企業として存続している場合でも，証券コードが廃止された時点で本研究上では対象外とみなしている。さらに，対象期間内で複数回にわたりM&Aをおこなっている企業の場合，その年度内で複数回おこなわれている場合は1社とカウントし，異なる年度でその企業があらわれている場合には別途その年度の1社としてカウントしている。つまり，対象企業は年度ごとに証券コードをもとにすべてを判定しているのである。なお，データはすべて連結決算をもちいており，異常値はt年度データに3σを基準として，異常に該当するデータを削除している。
（7） 各年度のサンプルはt年度が1998年度は合併取引の買い手企業7社，買収取引の買い手企業7社。t年度が1999年度の場合は合併取引の買い手企業13社，買収取引の買い手企業12社。t年度が2000年度では合併取引の買い手企業7社，買収取引の買い手企業14社。t年度が2001年度のときは合併取引の買い手企業4社，買収取引の買い手企業16社。t年度が2002年度では合併取引の買い手企業7社，買収取引の買い手企業16社である。
（8） ROA分析の期間は1998年4月1日から2008年3月31日まで，対象企業は東京証券取引所市場第一部に上場している企業で，サンプル数は合併取引の買い手企業37社，買収取引の買い手企業75社，買収取引のターゲット企業は9社となった。その他の条件はPBR分析の場合と同様である。なお，ROAは当期純利益／((期首資産合計＋期末資産合計)/2)×100で算出している。

第7章

M&Aにみるひとつのドラマ
―半導体メーカーA社による
ランプメーカーB社の買収開発―

1 はじめに

　近年わが国において，M&Aの件数は増加の一途をたどっている。M&Aの件数が増加している背景，すなわちM&Aの動機については状況に応じてさまざまな理由が考えられる。そのなかでも，最近のM&Aにおいては，技術力および生産能力に係る動機からM&Aがおこなわれる事例が増えているという。

　砂川（2006）は，同じ業界内でのM&Aが増加している理由に，買収開発（Acquisition & Development，以下ではA&Dという）を主な要因として取りあげている。A&Dとは，自社による研究開発（Research & Development）だけではなく，他社が研究開発した技術や生産能力を手中におさめるために買収をおこない，それによって同業界内でシェアを上げることを目的としたM&Aの手法である。

　2006年に王子製紙が北越製紙に仕掛けたTOB（株式公開買付）もA&Dの色合いが強い。王子製紙は，北越製紙の最新鋭設備を有する新潟工場を傘下におさめることにより，業界における研究開発力および生産能力の優位性を高めようとした。本件も，A&DがTOBの動機となっていると砂川（2006）は指摘している[1]。

　本章では，技術力および生産能力に係るM&Aが，業界における技術力の優位性とシェアの拡大をもたらす，A&Dの実例を取りあげる。ケース・スタディとして，東証一部上場のA株式会社（以下ではA社という）が，非上場ではあるが

優れた技術力を有するB株式会社（以下ではB社という）を買収した事例をみていこう。

A社はB社を買収したことにより，当該事業を数年間で業界トップシェアにまで成長させたが[2]，はたしてA社の株主価値も同時に高めることができたのであろうか。そこで，本章では株主価値の検証のために，*CAR*とPBRをもちいた短期間および長期間の実証をおこなう。また，実証以外の観点から，A&Dの背景や技術的要因などを検証し，M&Aを立体的に考察していく。

本章では，第2節でA社とB社のA&Dの背景について，主に業界動向と技術的な観点から検証をおこなう。第3節においては，A&D後の事業展開を，増産とシェア拡大の視点からみてみる。第4節では，A&D後のA社の*CAR*およびPBRの推移をみたうえで，買収した事業がA社の株主価値にどのような影響をあたえているか分析をおこなう。第5節は，本章の要約と，本検証結果をとおして，M&Aを成功させるための推定要因についてまとめる。

2 技術的イノベーションと買収開発の決断

1997年6月24日，東証一部上場の半導体メーカーA社が，非上場の光学部品専業メーカーB社の発行済み全株式を取得することが新聞報道された。A社はB社のバックライト事業[3]を買収して，液晶表示装置市場[4]に新規参入したのである。B社は1997年4月期の売り上げが20億円，カメラのストロボに使うキセノン放電管[5]で国内50％のシェアを持つ中小企業である。B社はキセノン放電管の技術を応用し，液晶表示装置の光源用電子部品を開発していた。株式取得額と製造設備を含めた総投資額は，おおよそ20億円であったという。

しかしながら，1997年4月期の連結売上高が1,360億円である半導体メーカーA社が，なぜ売上高20億円程度の中小企業にたいしてM&Aをおこなったのか。B社の売上高をみる限り，M&AによるA社の事業効果は希薄といわざるを得ない。本節ではこのM&Aの動機について，業界および技術的背景から本件M&A，すなわちA&Dの経緯を考察していく。

B社は，カメラストロボ用のキセノン放電管を長年にわたり製造していたが，その技術を応用し，他社にさきがけて冷陰極放電管[6]の開発および製造に着手していた。冷陰極放電管とは，φ1.8mm～φ6.0mm前後，全長100mm～1,500mm前後の極細ガラス管のなかに蛍光塗料を塗布し，電極として封止されたタングステンなど陽極および陰極に数キロボルトの高圧を印加し放電させる，微細で高度な製造技術力が要求される光学電子部品である。

たとえば，φ2.0mm以下の微細ガラス管の内径にまんべんなく蛍光塗料を塗布することは技術的に困難なため歩留[7]に問題があったが，B社の取締役技術部長であったH氏(当時)は，独自の製造技術により歩留の向上に成功していた。また，冷陰極放電管の効率を高めるためのカップ型新電極[8]を開発し，他社に比べて技術的優位性を確立していた。

さらに，ガラス管とタングステンやニオブなど金属電極を封止する技術はキセノン放電管から流用されたものであるが，その封止に係る膨張係数などは外部には公表されないブラックボックス，一子相伝の製造技術である。B社の開発および製造技術力は，H部長を筆頭とする社員一同の，問題解決にたいするあくなき創造力が源泉であった。このように，B社は売上高などの企業規模からは判別できない革新的な技術力，すなわち技術的イノベーションを保有していたのである。

それでは，いかにして中小企業B社の技術的イノベーションを，大企業であるA社が知りえることができたのであろうか。それは，B社の技術とA社の既存技術とのシナジー効果[9]を予見し，A社のK社長(当時)にA&Dを積極的に提唱した人物が存在したからである。その技術的嗅覚を持つ人物とは，長年にわたり電子部品商社[10]を経営していたI社長(当時)であった。彼はB社の創業者とは旧知の仲であり，B社の先端技術について知りえていた。I社長からこの提案を受けたA社のK社長は，冷陰極放電管が近未来に液晶パネル市場で需要が拡大するビジネスと考え，I社長と共にB社の調査に乗り出した。

当時のA社の稼ぎ頭はブラウン管テレビ用の電源制御ICであり，将来的にブラウン管テレビが液晶テレビに代替することが予測されるなかで，この電源制御

ICに代わるテレビ用途のシェアを維持拡大するための製品開発が急務であった。一方，B社は冷陰極放電管事業を拡大するための資金力が決定的に不足しており，後継者問題などの内部的事情もありA社サイドの申し入れにたいして前向きに検討することになったのである[11]。

冷陰極放電管は，パソコンや液晶テレビの液晶表示装置に，必須の基幹部品である[12]。1997年当時，液晶表示装置の市場規模はノート型パソコン需要がけん引し，2000年には1兆5千億円の市場が見込まれる成長分野といわれていた[13]。A社のB社にたいするM&Aの約1年後，1998年8月19日『日本経済新聞』「テレビすべて液晶画面に　シャープ社長が経営方針」という衝撃的な記事が掲載された。シャープの町田勝彦社長（当時）は，2005年までに国内で生産するテレビモニターのすべてを液晶にするという，強烈な経営方針を業界へ打ち出したのである[14]。当時の電機業界の期待は，ブラウン管に代わる次世代のイノベーションとして，液晶表示装置を市場に席巻させることであった。

ただし，当時のノートタイプを除くパソコンやテレビにおける液晶表示装置の搭載率は10％程度であり[15]，液晶表示装置が実際に市場のディファクトスタンダードになるのかという，懐疑的な風潮が業界のなかで流れていた[16]。いくら特性の良いものでも，バックライトの割高なコストからすれば，普及には相当の時間を要すると考えられていたのである。

つまり，当時の状況では液晶表示装置の急成長，すなわち冷陰極放電管の需要が倍増するという見通しは確実とはいえず，A社によるB社への投資に係るリスクは必ずしも低いものではなかった。むしろ，B社の買収は先行きが不透明な液晶表示装置業界にたいするリスクの高い買収計画であった。

しかしながら，業界動向がみえないリスクをはらみながらも，数年後の市場需要を技術的イノベーションの見地から予見し，A社のK社長は電子部品商社のI社長とともに，B社のM&Aを決定，断行したのである。このM&Aは単なる同業種のシェア拡大などが動機ではなく，B社の技術的優位性にもとづく冷陰極放電管のシェア拡大，すなわちA&Dが主たる要因として意思決定されたことがわかる。

3 買収開発後の躍進

　本節では，A 社による B 社買収開発後の展開について，主に新聞記事を参考にして時系列的な足跡をたどっていく。A&D の直後，A 社は冷陰極放電管の生産本数の増産に着手した。1998 年 7 月 3 日の『日経産業新聞』「A 社 液晶バックライト用部品 福島の子会社に集約—月産 100 万体制—」において，A 社は需要が拡大している液晶表示装置関連部品の生産体制を強化し，冷陰極放電管の生産を子会社(17)に集約，生産量を月産 35 万本から 100 万本に引き上げる内容が公表された。

　A 社は，将来的には当時存続していた B 社の横浜工場から A 社の子会社に冷陰極放電管の生産を集約し，製造工程の全自動化を目指していた。また，この記事によると A 社の 1998 年 3 月期の冷陰極放電管の売上高は 7 億 8 千万円だが，1999 年 3 月期は 30 億円，2000 年 3 月期には 60 億円を目標として，同社電子部品事業の新たな柱に育てるという方針が明らかにされている。

　1999 年 4 月 20 日の『日経産業新聞』「LCD 用放電管　A 社　4 割増産—今秋メド　月 140 万体制—」では，A 社が冷陰極放電管を 4 割増産し，月産 140 万本体制にする記事が掲載された。この際，市場シェアを現在の 30％前後から 2001 年 3 月期には 40〜50％に拡大する方針が打ち出されている。このように，増産によって当時 50％のシェアを占めていた H 社，おなじく 20％を占めていた W 社に対抗するための準備が進められていた。

　1999 年 7 月 21 日，『日経産業新聞』「液晶用蛍光管 CFL A 社が増産—来春 月産 226 万本に—」において，A 社は子会社に約 11 億円を投じ新たに 2 ラインを増設し，冷陰極放電管の生産数量を 2000 年 4 月に月産 226 万本へ増産するとしている。この時期，A&D 後およそ 2 年で冷陰極放電管の生産数量は月産 25 万本から月産 226 万本となり，約 10 倍の規模となった。ノート型パソコン向け液晶表示装置の急激な活況もあり，A 社の B 社にたいする A&D は軌道に乗りつつあった。

2000年に入ると，ノート型パソコンだけでなく，デスクトップ型パソコンのモニターもブラウン管から液晶へ移行し，さらにモニターの大きさも15インチから17インチ以上が主流となった。液晶表示装置の大型化にともない，冷陰極放電管の使用本数は増加し，需要はさらに高まりつつあった。液晶表示装置を製造するユーザーも，コスト競争によって従来の国内メーカーから台湾や韓国のローカルメーカーにまで拡大し，需要数量は劇的に増加の一途を辿ったのである。

2003年4月16日の『日経産業新聞』「液晶バックライト横ばい　4-6月期大口見込み　韓国・台湾の需要好調」では，A社が冷陰極放電管の一部生産をおこなっていた韓国工場の生産能力を高め，A社全体で約2倍の月産550万本に引き上げたことが報じられている。同時期に，A社の競合先であるH社が月産1,000万本に引き上げていることからも，液晶製造装置すなわち冷陰極放電管市場が本格的な成長期に突入したことがわかる。

2003年になると，液晶テレビが市場に普及しはじめ，それにともない液晶テレビ用途の冷陰極放電管が大幅に増産される時期に突入した。液晶テレビは冷陰極放電管を1台につき2〜32本を使用するため，テレビの生産台数が増加すれば飛躍的に冷陰極放電管の需要も増加する商機となる。1998年にシャープの町田社長（当時）が当時劇的に打ち出した経営方針が早くも現実のものとなり，2003年6月25日の『日経産業新聞』「大口価格　バックライト堅調液晶向け好調続く」において，シャープが液晶テレビの生産拠点として三重県亀山市に新工場[18]を稼動させることが報じられた。いわゆる，亀山モデルの誕生である。

この流れに呼応するかのように，電機メーカー各社で液晶テレビの増産がはじまり，2003年4月30日『日本経済新聞』「液晶用ランプ増産　照明各社　工場増強や海外生産」では，A社が世界の液晶パネルメーカーが大型投資をするのに合わせ，主に液晶テレビ向けにA社全体の冷陰極放電管の月産本数を，3割増の700万本にする内容が報じられた。

翌年2004年2月6日の『日経産業新聞』「A社　液晶向けランプ増産　石川に22億円投資　2ライン新設」では，A社が2005年3月期に，冷陰極放電管の増産のために石川県に22億円を投資し2ラインを新設，A社全体での生産能力をつ

いに1,000万本に増産する計画が公表された。石川県の工場は，液晶テレビ向けに月産200万本の生産能力をもつ。この計画により，A社の2006年3月期の冷陰極放電管の売上高は250億円が見込まれた。

さらに2005年10月1日『日本経済新聞』「A社 石川に新工場 能登地域で240人採用」において，A社が大型液晶テレビ用の冷陰極放電管工場として，石川県に96億円を投じて新工場を設立することが伝えられた。新工場設立により，A社全体として月産3,000万本の生産能力を有することになる。この石川県の工場は，32インチから65インチの大型液晶テレビ専用の冷陰極放電管を製造するA社の子会社となった。この新工場だけでも，2006年末までには月産1,000万本体制が計画されていた。

このようにA社のB社にたいするA&Dは，生産規模および市場シェアの観点からみて十分に成功したと判定してよいだろう。1997年当初月産25万本であった生産数量が，1998年に100万本，1999年226万本，2003年550万本，2004年1,000万本，そして2006年には3,000万本以上の生産能力を有するに至ったのである。売上高に関しても，B社は1997年3月期の年商は20億円であったが，A社の冷陰極放電管事業の年商は250億円にも達している。

A社における冷陰極放電管事業は，生産能力および売上高において飛躍的に向上し，A社の中核事業として成長した。液晶表示装置の急激な躍進という市場的背景も後押しをしたが，タイミングを逃さない積極的な設備投資や工程のあくなき自動化の推進を敢行したA社の適切かつ迅速な意思決定こそ，このA&Dを軌道に乗せ成功まで導いた主たる要因といえる。

4 株主価値の観測

　本節の目的は、本件事案が発表されたイベント日前後45日間の CAR から、株価効果を検証することである。また、イベント年度の前後10年間にわたるPBRの分析をもとに、財務効果分析もおこなう。

　M&Aの情報開示が短期的に株主価値へもたらす効果は CAR をもちいて測定し、シナジー理論と経営者の傲慢理論から検証が可能となる。CAR はA社によるB社のM&Aが公表された1997年6月24日をイベント日として、前後45日間、イベント日を含め合計91日間を観測している[19]。なお、B社は非上場企業であることから株価および財務データの入手が不可能であり、検証はおこなっていない。

　まず、図表7–1をみてみよう。イベント45日前からイベントの25日後まで、CAR はほとんど同レベルのマイナスで推移している。この結果から、イベント前後の株価効果にたいする影響をみいだすことはできない。しかしながら、本書第4章の検証結果と同様、イベントの25日後近辺から CAR はプラスに転じている。

　イベント25日後まで株価効果へ影響がみられない理由は、本サンプルが上場

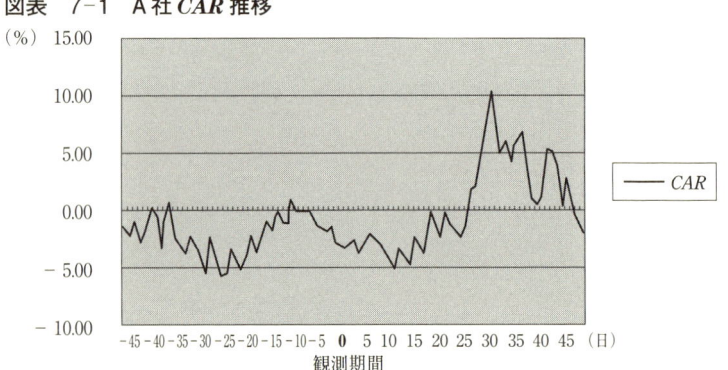

図表 7–1　A社 CAR 推移

企業同士ではないため，市場の注目度が低いことに起因しているかも知れない。また，本章第2節で述べたように，B社の技術力が市場でほとんど認知されていないことも，この検証結果に反映されている可能性がある。しかしながら，本書第4章の検証と同じく，イベント25日後近辺からプラスの効果が確認できることは大変興味深い。この結果は，M&Aが短期的に株主価値へあたえる影響に，一定の傾向があることを示唆している。

つぎに，図表7-2のPBRについては，A社がB社を買収した1997年度をt年として，その前後5年間，t年を含め10年間の推移をみていく[20]。A社のPBRは，t-4年からt+2年まで，ベンチマークとする東証市場第一部平均PBRとほぼ同等のレベルで推移している。その後t+3年でベンチマークを下回るが，t+4年以降はベンチマークを上回っている。とくにt+5年では，ベンチマークよりも約1.0ポイントも高い。

また，t+4年である2001年度は，いわゆるITバブル崩壊の煽りを受けた年度でありながら，ベンチマークと比較してPBRが高いレベルにあることに着目したい。近年の電子部品業界においては，1997年度と2001年度は各社軒並み業績が悪化した不景気の年であった[21]。このような状況にも関わらず，A社のt+4年およびt+5年のPBRがベンチマークよりも高いことは，特筆すべき事象といえる[22]。

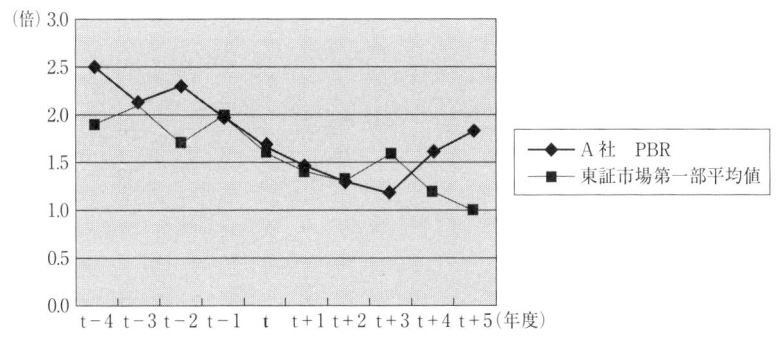

図表 7-2 A社PBR推移

この結果から，M&Aが長期的に株主価値へプラスの経済的シナジー効果をあたえていることは明らかである。さらに，本書第6章の結果と同じくt＋3年以降に経済的シナジー効果を確認できたことは，M&Aと長期的な株主価値の関係に一定の傾向をみいだすことができる。

本節の2つの検証結果から，A社の冷陰極放電管事業は株主価値の向上にたいして貢献度の高い事業であることがわかる。A社がB社にたいしておこなった技術的イノベーションにもとづくM&A，すなわちA&DはA社に強い経済的シナジー効果をもたらしたのである。

5 むすび

本章では，M&Aのなかでも，優位性のある技術力や生産能力を買収し業界でシェアを拡大するためにおこなう，A&Dのケース・スタディを取りあげた。実例として，半導体メーカーA社による，ランプメーカーB社にたいするA&Dを分析した。第2節では，技術的イノベーションにもとづく業界動向から趨勢を予見し，勇気をもってM&Aを断行する経営者による意思決定の実例を取りあげた。第3節では，B社時代の生産数量は月産25万本であった冷陰極放電管が，A&Dにより2006年には月産3,000万本にまで増産され，業界シェアがトップレベルを占めるまでに成長したことが明らかになった。第4節では，*CAR*とPBRをもちいて本件がA社の業績にあたえた影響について検証をおこなった。その結果，技術的イノベーションにもとづくM&Aが，A社の株主価値の向上に大きく貢献していることが明らかとなったのである。

また，本検証の結果から，A&Dを成功させるために必要な3つの要素をみいだすことができる。それは，技術的イノベーションの見地から業界動向を予見できること，優位性の高い技術力や製造技術力に価値を見いだせること，果敢な設備投資によるシェア拡大と業績向上を実現できることである。

さらに，本章の事例からわかることは，A&Dの過程で登場する人物が成否の鍵を握っているということである。技術と技術，企業と企業，そして人と人を結

びつけることができるのは，技術的嗅覚とモノ作りの志をもった人物のみである。つねに技術およびモノ作りにおいて高い知見と志をもち，技術の視点から社会全体へ貢献しようとするマインドがある人物が介在してこそ，A&Dは成立するのではないだろうか。

現在，ベンチャーキャピタル，ファンドを中心としたM&Aが隆盛である。しかしながら，技術的見地が買収動機となるA&Dにおいて，ベンチャーキャピタルなどの買収者や仲介者が技術的な知見と嗅覚，モノ作りにたいする志を持ち合わせているかは疑問である。技術とモノ作りを単なる投機，金儲けとみなしている場合，A&Dは十分な成果をあげることはないであろう。

A&Dの成功には，優位性のある技術的イノベーションをみいだす者，M&Aを意思決定できる者，新たな事業を積極的な設備投資で軌道に乗せ成就させる者，それぞれの場面でエポック・メーキングができる示唆の富む経営者の存在が欠かせない。

本検証の結果は，電機業界のみならず他の業界のM&Aにも一定の示唆をあたえうる。さまざまな業界で，技術的イノベーションと社会貢献という志をもった経営者が，わが国に国益をもたらすM&Aを成就させていくことに期待したい。

〔注〕
（1）このTOBは，当時の北越製紙の経営陣および北越製紙の多くの株主の反対により成立しなかった。
（2）2004年8月12日『日経産業新聞』「A社 バックライト液晶テレビ用 月産2.3倍に―世界シェア30％へ―」を参照。
（3）液晶表示装置（LCD）は液晶導光板が自発光をしないため，その背後もしくは端に光源が必要となる。携帯電話など小さいインチ数のものであれば発光ダイオード（LED：Light Emitting Diode）でも対応できるが，モニターやテレビなどインチ数が大きい液晶表示装置の場合，その光源として冷陰極放電管と呼ばれるランプが必要となる。12インチ程度までのモニターの場合，端に冷陰極放電管を1本設置すれば光量を確保できるが，それ以上のインチ数では光量確保のために1台のテレビもしくはモニターに2本～

32本の冷陰極放電管の設置が必要となる。
（4）　LCD（Liquid Crystal Display）とも呼ばれている。
（5）　キセノンガスを$\varphi1.1$〜$3.0mm$のガラス管に封止し，タングステン電極に高圧を印加して発光させる放電管のことを指す。主にカメラのフラッシュライトに使用されることが多い。
（6）　冷陰極放電管，CCFL（Cold Cathode Fluorescent Lamp），CFL（CCFLの略語）などとも呼ばれている。
（7）　歩留とは，工程への投入にたいする，産出高の指標である。歩留が高いほど効率的な工程であり，財務に良い影響をあたえる。
（8）　カップ電極は，ランプ内のホロー効果を高め，冷陰極放電管の効率を高める効果をもたらした。
（9）　冷陰極放電管単品だけでなく，高圧系電子部品を得意とするA社が冷陰極放電管を制御する高圧インバーターを製造することができれば，技術的シナジーが高まると考えられた。
（10）　グループ年商規模が約100億円の電子部品商社。
（11）　1997年6月24日『日経産業新聞』「A社　光学部品専業メーカーB社を買収」を参照。
（12）　現在では，液晶バックライトの主要な光源としてLED（Light Emitting Diode）が使用されはじめている。冷陰極放電管を使用したバックライトは減少したが，依然として重要な光学電子部品である。
（13）　1997年6月24日『日経産業新聞』「A社　光学部品専業メーカーB社を買収」を参照。
（14）　当時，シャープはテレビセットに欠かせないブラウン管を，自社で製造していないメーカーであった。ブラウン管に代わる自社製液晶バックライトを持つことは，シャープの長年の悲願であった。
（15）　1998年8月19日『日本経済新聞』「テレビ全て液晶画面に　シャープ社長が経営方針」を参照。
（16）　電機業界の技術および営業現場では，当時の月産何千万台と製造されているブラウン管テレビが液晶テレビに代替されることは当面先のことであると考えられていた。
（17）　A社の発光ダイオード（LED）の生産拠点子会社である。
（18）　一般に，シャープの「亀山モデル」と呼ばれている液晶テレビの生産拠点である。
（19）　*CAR*は，本書第4章のリサーチ・デザインと同様の計算方法で算出している。
（20）　*PBR*は，本書第6章のリサーチ・デザインと同様の計算方法で算出している。
（21）　電子部品業界における2001年不況の裏づけとして，森・石井（2004）は電子部品業界の景気を反映する半導体商社の業績評価において，2001年度は電子部品業界のほとん

どの企業がITバブルの崩壊により業績悪化に陥ったことを明らかにしている。

(22) t＋5年は2002年から2003年3月期までの会計期間であるが，この時期に冷陰極放電管は月産260万から月産550万本へ増産されており，冷陰極放電管の増産と業績の向上とが合致している。A社の有価証券報告書をみる限り，冷陰極放電管は半導体事業部の売上高の一部としてカウントされているため，その内訳で冷陰極放電管事業がどの程度全体の利益に貢献しているかについて詳細をみることはできない。しかしながら冷陰極放電管の販売単価と原価率を推測するに，冷陰極放電管の増産と業績向上の一致が偶然であるとは考えづらい。

第8章 M&Aが株主価値にあたえる影響

1 はじめに

本章では本書の要約をおこない，本研究により得られた発見事項から，M&Aが株主価値にあたえる影響についてまとめる。また，本研究の限界および今後の課題と展望を述べる。

2 本書の要約

本書の目的は，M&Aが買い手企業およびターゲット企業にどのような経済的シナジー効果をあたえるかについて，実証研究の視点から明らかにすることである。M&Aの経済的シナジー効果の検証は，M&Aが株主価値へあたえる影響を測定することで可能となり，株主価値はいくつかの評価モデルにより測定される。株主価値の測定結果は，M&Aには経済的シナジー効果があるとするシナジー理論と，M&Aにシナジー効果はないとする経営者の傲慢理論によって検証される。

第1章の目的は，M&Aの概念を明らかにすることである。本研究を進めるにあたり，M&Aの概念を正確に理解することは，重要な前提となる。第2節は，M&Aの概念を会社法にもとづき合併と買収に明確に分類した。M&Aは一般的にひとつの用語としてもちいられているが，合併と買収，それぞれの定義はまったく異なるものである。

第3節では，米国とわが国におけるM&Aの歴史を概観している。米国では

19世紀末からM&Aが起こり，水平と垂直，コングロマリットからグローバリズムまで100年間の長い歴史を積み重ねてきている。他方，国内のM&Aはいまだ未成熟であり，グローバリズム経済のなかで市場としての位置付けは小さい。

第4節においては，世界および国内におけるM&Aの動向をみた。近年の米国資金を中心としたM&Aブームから一転，リーマンショック後の不透明感が懸念されている。今後，M&A市場は世界的な不況から低迷すると予測されるが，社運をかけた企業同士がM&Aを活発化させる可能性は高い。また，国内の閉鎖的な市場は，グローバリズムのなかで世界標準にみあうM&A市場の構築が課題である。

第2章では，M&Aの主要な動機と理論を考察し，シナジー理論と経営者の傲慢理論，対峙するふたつの理論の流れを検証している。まず，第2節においてシナジー理論を取りあげた。シナジー理論はJensen and Ruback (1983) [Jensen and Ruback (1983), p. 47]，Bradley, Desai and Kim (1988) [Bradley et al. (1988), p. 4]など多くの研究により，買い手企業とターゲット企業の合計した*CAR*がプラスになることから，M&Aのシナジー効果が実証されている。ただし，ターゲット企業の*CAR*は+20から30％と高いプラスの数値を示しているにも関わらず，買い手企業の*CAR*はゼロもしくはマイナスである。

第3節は，M&Aの経済的シナジー効果を否定した，Roll (1986)の経営者の傲慢理論を取りあげている。Roll (1986)は，非効率な市場において自信過剰な経営者はターゲット企業を割高に買収し，買い手企業のプレミアムがターゲット企業に移転するため，M&Aにはシナジー効果がないと結論付けた。

しかしながら，学説上の争点をレビューするなかで，根本的な疑問を抱かざるを得ない。多くの研究サンプルは，合併もしくは買収，買い手企業またはターゲット企業，いずれか一方向からの検証なのである。合併と買収，買い手企業およびターゲット企業，双方からの多角的な検証した場合，どのような結果が得られるのであろうか。これらについて，これまでの研究ではなんら示されていない。

M&Aにおけるシナジー理論と経営者の傲慢理論の対立点についての検証は，

より多角的な観点から考察されるべきである。本研究においては，これまでの研究における検証方法の問題点を補完するため，合併と買収，買い手企業およびターゲット企業，さらに短期的効果と長期的効果，それぞれの視点からM&Aが株主価値にあたえる影響を実証している。

　第3章の目的は，M&Aが株主価値へあたえる短期的な効果を検証するために，これまでの主要な研究をレビューすることである。第2節ではJensen and Ruback (1983) などの研究を取りあげ，米国のM&Aにおける買い手企業のCARはほとんどゼロだが，ターゲット企業のCARは買収企業に比べて高い株価効果が得られていることを確認した。他方，国内では買い手企業およびターゲット企業において顕著なCARは認められず，双方のCARを合計しても顕著なプラスはない。しかしながら，1999年以降はターゲット企業のCARが増加しており，1999年のM&A取引に係る規制緩和が株価効果の向上に影響をあたえていることが松尾・山本 (2006) により明らかにされている。

　第3節では，経営者の傲慢理論にもとづく価値移転仮説の研究をレビューした。価値移転仮説は合併・買収プレミアムをもちいて検証され，買い手企業からターゲット企業へプレミアムの移転がみとめられた場合，経営者の傲慢理論が実証されることになる。井上・加藤 (2006) や森・劉 (2008) により，買い手企業からターゲット企業へプレミアムの移転が実証されている。

　第4節においては，M&Aの取引形態として合併と買収に着目し，それぞれの株価効果を検証している研究をレビューした。主要な研究をレビューした結果，合併と買収を区分し，同じデータにもとづき比較検討している研究はほとんど存在していないことがわかった。そのなかで希少な研究といえる薄井 (2001) を取りあげ，合併取引の場合は買い手企業の方が高いCARを獲得し，他方で買収取引ではターゲット企業が高いCARを得ていることが確認された。合併と買収というM&Aの取引形態によって，株価効果の傾向は大きく相違していたのである。これらのことから，合併と買収を区分して株価効果を対比することは，重要な要件であることがわかる。

　第4章では，M&Aの情報開示が短期的に株主価値へもたらす効果をCARに

より測定し，シナジー理論と経営者の傲慢理論から検証している。第2節においては，本章のリサーチ・デザインをおこなった。サンプルは，1998年4月1日から2008年3月31日の間に東京証券取引所市場第一部の企業間でおこなわれたM&A，合併取引は買い手企業65社，ターゲット企業65社，買収取引では買い手企業84社，ターゲット企業84社，合計298社とした。分析方法はCAR，総便益と加重CAR，合併・買収プレミアムであり，これら3つの評価モデルをもちいて株主価値を測定している。

第3節では，合併および買収による短期的なM&Aの株価効果について，CARをもちいた検証をおこなった。CARによる合併取引の検証結果では，シナジー理論も経営者の傲慢理論も確認することはできなかった。他方，買収取引においては若干のシナジー理論と強い経営者の傲慢理論をみいだすことができる。

第4節では，総便益と加重CARの検証結果から，合併取引ではシナジー理論は認められるが，経営者の傲慢理論をみいだすことはできない。他方，買収取引の検証では，シナジー理論を確認することはできないが，強い経営者の傲慢理論が認められた。

高合併プレミアムによる検証結果においては，シナジー理論も経営者の傲慢理論も確認することはできなかった。低合併プレミアムの場合は，若干のシナジー理論とわずかな経営者の傲慢理論をみいだすことができた。他方，高買収プレミアムにおいては，シナジー理論と経営者の傲慢理論を同時に確認することができた。

本章の検証項目から，シナジー理論は2項目で効果がみとめられ，2項目で若干の効果を確認することができた。他方，経営者の傲慢理論は3項目で効果が認識され，1項目で若干の効果をみいだした。経営者の傲慢理論は買収取引の場合に限定して効果が確認されたことは，本研究の発見事項である。

第5章の目的は，M&Aが株主価値へあたえる長期的な効果を検証するために，これまでの主要な研究をレビューすることである。第2節では，ROAやROEなどの財務指標をもちいたパフォーマンス・スタディの研究を取りあげた。Ravenscraft and Scherer (1987) は米国におけるテンダー・オファーの場合，

M&A 後の ROA が低下することを明らかにしている。Yeh and Hoshino (2002) では，国内の系列企業における合併は，合併後に ROA，ROE ともに低下することがみいだされている。

第 3 節においては，M&A 後のキャッシュフローの推移に着目した研究をレビューした。Healy, Palepu, Ruback (1992) は，M&A 後のキャッシュフローを業界調整キャッシュフローと比較した結果，M&A がキャッシュフローの改善に貢献していることを明らかにしている。他方，Ghosh (2001) は M&A によりキャッシュフローが改善されるという根拠はみいだすことができないとした。

第 4 節は，*CAR* と M&A 後のキャッシュフローとの相関性を分析した研究を取りあげている。Healy et al. (1992) では，M&A 後の *CAR* とキャッシュフローの相関性が有意であることを明らかにした。また，薄井 (2001) において *CAR* は買い手企業の財務指標とは有意に関連しているが，ターゲット企業の場合は相関性が低いことが明らかにされている。

これまでの研究から，Ravenscraft and Schere (1989) と Ghosh (2001) は M&A に経済的シナジー効果をみいだすことができないとしているが，他方で Healy et al. (1992) らは M&A の経済的効果を確認している。これらの差異をみると，測定にもちいるサンプル，評価モデル，そして取りあげる指標により，得られる結果が異なるようである。M&A が長期的に株主価値におよぼす影響を検証する場合，これまでの研究でもちいられている評価モデルで十分な検証が可能か否か，慎重な検討が必要である。

第 6 章の目的は，M&A が株主価値にあたえる長期的な影響を測定し，M&A のもたらす経済的シナジー効果を，シナジー理論と経営者の傲慢理論から検証することである。M&A が株主価値におよぼす長期的な影響は，これまで ROA，ROE，キャッシュフローなど伝統的な評価モデルをもちいた研究がおこなわれてきた。しかしながら，株主価値そのものを直接測定できる評価モデルを使用すれば，より適切に M&A が株主価値におよぼす影響を測定することが可能となる。

第 2 節では株主価値の評価モデルを検討し，本研究の評価モデルとして株価倍

率をもちいることにした。株価倍率で一般的に使用される指標は，株価で一株あたりの純資産額を割るPBRであることから，本研究ではPBRをもちいている。ベンチマークには東京証券取引所［東証PBR長期データ］に記載された，市場第一部の全社平均PBRを取りあげた。また，サンプルとして，1998年4月1日から2008年3月31日までのM&Aを取りあげ，合併取引の場合では買い手企業38社，買収取引においては買い手企業78社とターゲット企業8社，合計124社を対象とした。

　第3節は全社平均PBRによる検証をおこない，合併取引および買収取引における買い手企業とターゲット企業，すべてのケースでM&A後にPBRが上昇することがわかった。とくにM&Aの3年後からPBRの増加は顕著であり，長期間にわたるM&Aの株主価値にたいする影響は，3年後から強いプラスの効果があることが明らかにされた。このように全社平均PBRの検証から，シナジー理論をみいだすことができる。他方，経営者の傲慢理論を確認することはできない。

　第4節では，年度別の平均PBRとベンチマークの比較分析をおこなった。しかしながら，ターゲット企業のサンプル数が著しく少ないため，買い手企業の平均PBRとベンチマークの比較のみ検証することにした。合併取引においては，M&Aの4年後から5年後にかけて平均PBRはベンチマークを上回っていた。とくに4年後からの増加は明らかであり，M&Aの4年後以降に強いプラスの影響をみいだすことができる。買収取引の場合はベンチマークを上回っているものの，M&Aの4年前からM&Aの実施年度にかけてPBRは下降し，その後もM&Aの2年後あたりまで下がり続けていた。しかしながら，M&Aの3年後から買収取引の平均PBRは急上昇し，買収取引の場合においてもM&Aが株主価値におよぼすプラスの影響をみいだすことができる。

　本節の検証から，M&Aは合併取引および買収取引においても長期的に株主価値を高め，さらにベンチマークである東証平均よりも高いPBRをもたらすことがわかった。本節は買い手企業のみを対象とした検証ではあるが，M&A後にベンチマークよりも高いPBRを示したデータを得ることができた。この結果は，

M&Aの経済的シナジー効果を示唆する重要な証左である。

　ROAの検証において，合併取引ではM&Aがおこなわれた年度からROAは大きく上昇しており，買収取引でもM&Aの3年後から急激に増加していた。ROAにおいてもM&Aのシナジー効果を確認することができたが，経営者の傲慢理論はみいだすことはできない。

　第7章では，優位性のある技術力や生産能力を買収し，同業界でシェアを拡大するためにおこなうM&A，すなわちA&Dのケース・スタディを取りあげた。実例として半導体メーカーA社による，ランプメーカーB社のA&Dをみてみる。第2節では，技術的イノベーションにもとづく業界の動向を予見し，勇気をもってM&Aを断行する経営者の意思決定を取りあげた。第3節は，B社時代の生産数量は月産25万本であった冷陰極放電管が，A&Dにより2006年には月産3,000万本にまで増産され，業界シェアがトップレベルを占めるまでに成長した展開を明らかにした。第4節においては，*CAR*とPBRをもちいてA&DがA社の業績にあたえた影響を検証した。*CAR*およびPBRの結果から，本件A&Dが長期的な株主価値の向上に，一定の貢献をもたらすことがわかる。

　本節の検証結果から，A&Dにおける3つの成功要因がみいだされた。ひとつは，技術的イノベーションの見地から業界動向を予見できること，ふたつ目は優位性の高い技術力や製造技術力に価値をみいだせること，そして果敢な設備投資によるシェア拡大と業績向上を実現できることである。これらを英断できる経営者が，技術と技術，企業と企業，そして人と人を結びつけ，M&Aをとおして社会貢献を敢行しているのである。

3　本研究の発見事項

　本節の目的は本研究で得ることができた発見事項を要約し，その成果をまとめることである。まず第2章では，M&Aの動機と理論について考察した。M&Aの動機とその理論を概観するなかで，シナジー理論から派生するいくつかの動機を系統的に分類することができた。同時に長年にわたるシナジー理論と経営者の

傲慢理論の対峙，理論上の争点もまとめることができた。これまでの研究ではあまり注目されていない M&A の動機と理論に着目し，その動機と理論を仕分け，体系化できたことは本研究の成果である。

M&A が株主価値にあたえる影響を検証するために，第4章では CAR によるイベント・スタディ，第6章においては PBR をもちいたパフォーマンス・スタディの実証研究をおこなった。検証結果は，図表8-1にまとめられる。

図表8-1から，M&A が短期間に株主価値へおよぼす影響についての検証結果をみてみると，シナジー理論が確認できる項目は少ない。シナジー理論が十分に実証できるのは加重 CAR による合併の分析と，買収プレミアムの高プレミアムの2つだけである。他方，経営者の傲慢理論は買収を検証した項目でのみ確認されている。

したがって，M&A が短期間に株主価値へおよぼす影響の特徴として，強いシナジー理論は認められない。他方，買収取引でのみ経営者の傲慢理論をみいだせる。特筆すべき発見事項は，M&A の短期における株価効果では，経営者の傲慢理論が買収取引に限定して効果が確認されていることである[1]。

つぎに，M&A が長期間にわたり株主価値へあたえる影響についての検証結果をみてみると，ほとんどの項目でシナジー理論を確認することができる。他方，経営者の傲慢理論はひとつも効果が認められない。長期間の分析においては，買い手企業からターゲット企業へ価値の移転はないことがわかる。このように，長期間の検証では全般的にシナジー理論が確認されており，M&A の経済的シナジー効果が実証されている。

ただし，M&A の長期間の検証結果により，経営者の傲慢理論が否定されるものではない。経営者の傲慢理論は，M&A の短期的効果のなかで確認されている[2]。つまり，従前から理論上の争点であったシナジー理論と経営者の傲慢理論の対立は，いずれか一方が肯定または否定されるものではない。両者の理論は，M&A の諸条件により生じる可能性がある，ひとつの特徴なのである。

M&A の経済的シナジー効果について，合併と買収，買い手企業およびターゲット企業，短期間と長期間，そしてシナジー理論と経営者の傲慢理論からアプ

図表 8-1　本研究の検証結果

No	実証研究	M&Aの経済効果	測定期間	N	形態	シナジー理論	経営者の傲慢理論
1	イベント・スタディ：CAR	短期間	1998/4/1-2008/3/31	130	合併	×	×
				168	買収	△	○
2	イベント・スタディ：総便益と加重CAR	短期間	1998/4/1-2008/3/31	104	合併	○	×
				152	買収	×	○
3	イベント・スタディ：合併プレミアム	短期間	1998/4/1-2008/3/31	40	高プレミアム	×	×
				25	低プレミアム	△	△
	イベント・スタディ：買収プレミアム	短期間	1998/4/1-2008/3/31	13	高プレミアム	○	○
				3	低プレミアム	－	－
4	パフォーマンス・スタディ：全体平均PBR	長期間	1998/4/1-2008/3/31	38	合併	○	×
				86	買収	○	×
5	パフォーマンス・スタディ：年度別平均PBRとベンチマークの比較	長期間	1998/4/1-2008/3/31	38	合併	－	－
				86	買収	－	－
6	パフォーマンス・スタディ：ROA	長期間	1998/4/1-2008/3/31	37	合併	○	×
				84	買収	○	×
					合計	○6・△2・×3	○3・△1・×7

○……仮説が認められる
△……若干の仮説が認められる
×……仮説は認められない
－……実証不能

＊ただし、上記5の実証研究では、買い手企業のみの分析ではあるが、M&A後のPBRはベンチマークとした東証平均PBRより高い数値を示す重要な結果が得られている。

出所：本章から筆者作成。

ローチをおこない、一定の成果をみいだした研究は稀有である。この観点から、本研究の学術的意義をみいだすことができよう[3]。

4 本研究の限界

本研究の目的は，M&Aの経済的シナジー効果を明らかにすることであった。M&Aの経済的シナジー効果について，多角的な観点から実証研究をおこない，一定の成果をみいだすことができた。しかしながら，本研究における限界点は少なくない。

本研究のサンプルは，東京証券取引所市場第一部に登録している企業間のM&A事例のみを取りあげているため，他の証券取引所もしくは非上場企業のM&Aにおける傾向を測定することはできない。同じ証券取引所における取引を分析したことにより，一定の偏倚は除去されるが，その反面で対象サンプル数は豊富ではない。

また，PBRをもちいてM&Aが長期間にわたり株主価値へあたえる影響の測定をおこなったが，10年間という期間を対象としたため存続企業が少なく，年度別に分類した実証においてサンプル数は満足なものとはいえない。これらの限界に対応するためには，今後も本研究を継続し，さらなる長期間における適切なデータ・ベースを構築していくことが必要である[4]。

5 むすび

本研究では，M&Aの経済的シナジー効果を明らかにするために，株主価値を測定しシナジー理論と経営者の傲慢理論から検証をおこなった。その結果，M&Aは株主価値にプラスの経済的シナジー効果をもたらすことが明らかにされた。ただし，これらの検証結果にたいする要因分析は，本研究で十分に特定されていない。なぜ，短期的効果における合併取引でシナジー理論はみいだされないのか。なぜ，買収取引のケースに限り，経営者の傲慢理論が確認されるのか。

M&Aが短期的に株主価値にあたえる影響において，買収取引によるM&Aで経営者の傲慢理論が実証された。買い手企業からターゲット企業への価値移転

は，自信過剰な経営者により買い手企業の株主価値が毀損されていることを意味している。しかしながら，優秀な経営者がより適切な価額でM&Aを実行することができれば，株主価値は毀損されずプラスの経済的シナジー効果が実現されるはずである。

たとえば，このような経営者の意思決定とM&Aの関係を検証することで，M&Aが株主価値にあたえる経済的シナジー効果の要因をより深く考察できるかも知れない。財務データによるM&Aの全体的な実証だけではなく，本書第7章のような非財務データを加えたケース・スタディの検証も必要であろう。M&Aと株主価値，M&Aと経営者の意思決定など，M&Aの本質をみいだす論究が重要である。

〔注〕
(1) 買収取引においては，Roll (1986) がいうように自信過剰な経営者がターゲット企業を割高に買収し，価値の移転が起きている可能性がある。買収取引の場合，一般的に買い手企業の方が企業規模は大きく，対等型ではなくいわゆる救済型の買収が多いことによるものと推測できる。つまり，買い手とターゲットの企業規模の相違がある買収は，ターゲット企業に株価効果として効果があらわれやすい可能性を指摘することができる。
(2) ただし，短期における買収取引の場合にのみ確認されている効果である。
(3) これまでの研究ではシナジー効果のみ，もしくは価値移転仮説のみを検証しているものがほとんどである。また，理論にもとづいて検証をおこなっている研究は少ない。
(4) 1999年の会社法改正以降，国内のM&Aは急増している。したがって，今後においては長期の株主価値を測定できる対象企業は増加していくものと考えられる。

図　　表

1　第4章の図表

図表4-①　合併サンプル一覧

	イベント日	合併買い手企業	証券コード	合併ターゲット企業	証券コード	合併・交換比率
1	1998/10/17	日本軽金属	5701	東洋アルミニウム	5737	1対3
2	1998/10/28	日本石油	5001	三菱石油	5004	1対0.525
3	1998/11/21	大阪商船三井船舶	9104	ナビックスライン	9105	1対0.285
4	1999/1/20	中央信託銀行	8408	三井信託銀行	8401	1対0.3
5	1999/1/21	三菱化学	4010	東京田辺製薬	4532	1対1.75
6	1999/3/18	新日本証券	8606	和光証券	8608	1対1
7	1999/3/24	カルソニック	7248	カンセイ	7281	1対1
8	1999/8/26	アマダ	6113	アマダメトレックス	6959	1対0.873
9	1999/8/26	アマダソノイケ	6107	アマダワシノ	6108	1対0.487
10	1999/10/15	住友銀行	8318	さくら銀行	8314	1対0.6
11	1999/11/25	豊田通商	8015	加商	8069	1対1.3
12	2000/2/17	東京証券	8616	東海丸万証券	8620	1対1.75
13	2000/2/17	ゼネラル石油	5012	東燃	5005	1対2.7
14	2000/2/19	三井海上火災保険	8752	住友海上火災保険	8753	1対1.09
15	2000/3/1	日本火災海上保険	8754	興亜火災海上保険	8762	1対1
16	2000/3/1	大東京火災海上保険	8761	千代田火災海上保険	8758	1対0.9
17	2000/3/27	日本製紙	3863	大昭和製紙	3871	1対0.6
18	2000/8/28	大和ハウス工業	1925	大和団地	8829	1対0.3
19	2000/9/14	東京海上火災保険	8751	日動火災海上保険	8760	1対0.69
20	2000/10/4	昭和電工	4004	昭和アルミニウム	5734	1対1
21	2000/11/2	安田火災海上保険	8755	日産火災海上保険	8756	1対0.36
22	2001/3/17	親和銀行	8391	九州銀行	8548	1対0.75
23	2001/4/4	トステム	5938	INAX	5336	1対0.424
24	2001/4/14	川崎製鉄	5403	NKK	5404	1対0.75
25	2001/5/8	デオデオ	8199	エイデン	8161	1対0.99
26	2001/9/17	大正製薬	4535	田辺製薬	4508	1対0.55
27	2001/11/9	ジャパンエナジー	5014	日鉱金属	5716	1対2.54
28	2002/1/29	三井建設	1821	住友建設	1823	1対1.2
29	2002/4/19	西日本銀行	8327	福岡シティ銀行	8539	1対0.7
30	2002/9/26	明光ナショナル証券	8623	さくらフレンド証券	8610	1対0.6
31	2002/10/12	明電舎	6508	明電エンジニアリング	9649	1対2.65
32	2002/11/9	帝人製機	6212	ナブコ	7142	1対0.6
33	2002/11/26	エニックス	9684	スクウェア	9620	1対0.81
34	2002/12/11	日商岩井	8063	ニチメン	8004	1対1.54
35	2003/1/7	コニカ	4902	ミノルタ	7753	1対0.621
36	2003/5/1	アマダ	6113	アマダマシニックス	6107	1対0.657
37	2003/5/23	北陸銀行	8357	北海道銀行	8353	1対0.8
38	2003/7/12	YUASA	6933	日本電池	6931	1対1
39	2003/10/1	レナウン	8021	ダーバン	8116	1対1.2
40	2003/12/18	日本酸素	4091	大陽東洋酸素	4103	1対0.81
41	2004/2/25	山之内製薬	4503	藤沢薬品工業	4511	1対0.71
42	2004/5/18	サミー	6426	セガ	7964	1対0.28
43	2004/7/17	三菱東京フィナンシャル・グループ	8306	UFJホールディングス	8307	1対0.62
44	2005/2/1	中越パルプ工業	3877	三菱製紙	3864	1対0.555

142　図　　表

45	2005/2/4	光洋精工	6473	豊田工機	6206	1 対 0.76
46	2005/2/19	三共	4501	第一製薬	4505	1 対 1.159
47	2005/3/18	山口銀行	8380	もみじホールディングス	8329	1 対 170
48	2005/4/27	三菱化学	4010	三菱ウェルファーマ	4509	1 対 3.13
49	2005/5/2	バンダイ	7967	ナムコ	9752	1.5 対 1
50	2005/5/13	トミー	7867	タカラ	7969	1 対 0.356
51	2005/6/5	豊田通商	8015	トーメン	8003	1 対 0.069
52	2005/11/5	国際石油開発	1604	帝国石油	1601	1 対 0.00144
53	2006/2/23	コカ・コーラウエストジャパン	2579	近畿コカ・コーラボトリング	2576	1 対 0.451
54	2006/4/27	不動建設	1813	テトラ	1863	1 対 2.40
55	2006/5/24	伊藤忠テクノサイエソス	4739	CRC ソリューションズ	9660	1 対 0.31
56	2006/10/18	ダイヤモンドリース	8593	UFJ セントラルリース	8599	1 対 1
57	2006/10/25	スカイパーフェクト・コミュニケーションズ	4795	JSAT	9442	1 対 3
58	2006/11/21	東海パルプ	3706	特種製紙	3881	1 対 1.73
59	2006/12/16	ドッドウエルビー・エム・エス	7626	グラフテック	6968	1 対 0.3
60	2006/12/21	HOYA	7741	ペンタックス	7750	1 対 0.158
61	2007/3/14	大丸	8234	松坂屋ホールディングス	3051	1 対 0.714
62	2007/3/21	イオンモール	8905	ダイヤモンドシティ	8853	1 対 0.80
63	2007/4/26	ドトールコーヒー	9952	日本レストランシステム	2775	1 対 1.687
64	2007/8/23	伊勢丹	8238	三越	2779	1 対 0.34
65	2007/12/14	TIS	9751	イソテックホールディングス	3819	1 対 0.79

図表 4-② 　買収サンプル一覧

	イベント日	買収 買い手企業	証券コード	買収ターゲット企業	証券コード	出資比率	合併・交換比率
1	1998/8/28	東芝	6502	東芝テック	6588	50 超	
2	1998/8/29	トヨタ自動車	7203	ダイハツ工業	7262	51.2	
3	1998/10/31	JT	2914	鳥居薬品	4551	53.47	
4	1998/11/10	コマツ	6301	コマツゼノア	7204	50.9	
5	1999/1/22	三菱化学	4010	日本化成	4007	50 強	
6	1999/1/23	富士銀行	8317	安田信託銀行	8404	50 超	
7	1999/2/27	セコム	9735	パスコ	9232		
8	1999/3/1	東京急行電鉄	9005	東急建設	1855	58.43	
9	1999/6/11	第一勧業銀行	8311	勧角証券	8607	52	
10	1999/7/28	日石三菱	5001	興亜石油	5006	55.83	
11	2000/4/7	神戸製鋼所	5406	日本高周波鋼業	5476	51	
12	2000/6/15	コマツ	6301	小松リフト	7225	50.8	
13	2000/8/26	NEC	6701	日通工	6705	53	
14	2000/11/9	住友ゴム工業	5110	オーツタイヤ	5106	51	
15	2000/12/27	東京急行電鉄	9005	東急ホテルチェーン	9725	100	1 対 0.32
16	2001/1/29	コナミ	9766	ピープル	4643	54.64	
17	2001/2/28	ニチハ	7943	三井木材工業	1791	100	1 対 0.12
18	2001/3/27	三洋信販	8573	マイカルカード	8519	51	
19	2001/4/24	トヨタ自動車	7203	日野自動車	7205	50.1	
20	2001/9/26	NEC	6701	トーキン	6759	66.6	
21	2002/4/19	日立製作所	6501	ユニシアジェックス	7275		1 対 0.197
22	2002/4/19	電気化学工業	4061	東洋化学	4210	100	1 対 1.15
23	2002/4/24	日本ユニパックホールディング	3893	日本板紙	3869		1 対 0.00028
24	2002/4/25	東京急行電鉄	9005	東急車両製造	7123	100	1 対 0.167
25	2002/4/26	豊田自動織機	6201	アイチコーポレーション	6345	51	
26	2002/8/28	川崎重工業	7012	日本飛行機	7407	11.40	
27	2003/1/24	帝人	3401	杏林製薬	4560		
28	2003/2/21	住友金属工業	5405	関東特殊製鋼	5633		1 対 0.606
29	2003/6/24	住友商事	8053	住商情報システム	9719	51.02	
30	2003/10/25	ユニー	8270	鈴丹	8193	60	
31	2003/11/13	三菱化学	4010	三菱ウェルファーマ	4509	58.94	
32	2003/11/21	テトラ	1863	不動建設	1813	51 超	
33	2003/12/19	日立金属	5486	住友特殊金属	6975		
34	2003/12/20	松下電器産業	6752	松下電工	6991	52.7	

35	2004/2/16	日本電産	6594	三協精機製作所	7757	52.27		
36	2004/2/21	住友ベークライト	4203	筒中プラスチック工業	4225	51.65		
37	2004/3/30	UFJホールディングス	8307	UFJつばさ証券	8621	100	1対0.00095	
38	2004/7/23	東レ	3402	蝶理	8014	51.46		
39	2004/8/27	三菱東京フィナンシャル・グループ	8306	ダイヤモンドコンピュータサービス	9645	100	1対0.00135	
40	2004/9/27	東京急行電鉄	9005	東急百貨店	8232	59.18	1対0.32	
41	2004/10/19	富士レビオ	4544	エスアールエル	9700	66.57		
42	2004/11/25	日本航空	9205	JALUX	2729	51.2		
43	2004/11/27	セイコーエプソン	6724	東洋通信機	6708	68.25		
44	2004/12/3	NEC	6701	NECソフト	4774	82.88		
45	2005/5/17	三菱電機	6503	日本建鉄	5972	100	1対0.48	
46	2005/8/23	スクウェア・エニックス	9684	タイトー	9646	93.7		
47	2005/11/2	兼松	8020	兼松エレクトロニクス	8096	50.36		
48	2005/11/9	日清紡	3105	新日本無線	6911	52.71		
49	2005/12/20	山武	6845	金門製作所	7724	59.37		
50	2005/12/28	東急不動産	8815	東急コミュニティ	4711	50.01		
51	2006/2/3	商船三井	9104	宇徳運輸	9358	約51		
52	2006/3/31	三井住友フィナンシャルグループ	8316	SMBCフレンド証券	8623	100	1対0.0008	
53	2006/4/3	イオン	8267	ダイヤモンドシティ	8853	60.25		
54	2006/4/12	セブン&アイ・ホールディングス	3382	ヨークベニマル	8188	100	1対0.88	
55	2006/5/12	ミサワホームホールディングス	1722	東北ミサワホーム	1907	52.3		
56	2006/5/19	ミレアホールディングス	8766	日新火災海上保険	8757	100	1対0.126	
57	2006/5/29	阪急ホールディングス	9042	阪神電気鉄道	9043	100	1対1.4	
58	2006/7/22	三菱商事	8058	金商	8064	51.1		
59	2006/7/22	ファーストリテイリング	9983	キャビン	8164	51.66		
60	2006/7/29	三菱マテリアル	5711	三菱伸銅	5771	51.04		
61	2006/8/2	王子製紙	3861	北越製紙	3865	3.08		
62	2006/10/11	日立製作所	6501	クラリオン	6796	63.66		
63	2006/10/14	住友信託銀行	8403	住信リース	8432	96.44		
64	2006/10/14	住友商事	8053	住商リース	8592	96.8		
65	2006/11/17	キリンビール	2503	メルシャン	2536	50.89		
66	2006/11/21	セコム	9735	能美防災	6744	50.93		
67	2006/12/11	マルハグループ本社	1334	ニチロ	1331	100	1対0.905	
68	2007/2/1	中部電力	9502	トーエネック	1946	52.12		
69	2007/2/14	イオン	8267	ポスフール	7512	48.45		
70	2007/2/28	日本ユニシス	8056	ネットマークス	3713	66.9		
71	2007/3/2	大和ハウス工業	1925	エネサーブ	6519	50.43		
72	2007/3/17	トプコン	7732	ソキア	7720	93.82		
73	2007/5/17	キヤノンマーケティングジャパン	8060	アルゴ21	4692	83.17		
74	2007/5/19	三菱商事	8058	日東富士製粉	2003	65.58		
75	2007/5/19	ベネッセコーポレーション	9783	東京個別指導学院	4745	53.42		
76	2007/5/31	HOYA	7741	ペンタックス	7750	90.58		
77	2007/6/12	味の素	2802	カルピス	2591	100	1対0.95	
78	2007/7/27	プロミス	8574	三洋信販	8573	100		
79	2007/9/28	凸版印刷	7911	図書印刷	7913	44.89		
80	2007/10/22	キリンホールディングス	2503	協和発酵工業	4151	50.1		
81	2007/11/6	住友電気工業	5802	日新電機	6641	52.02		
82	2007/11/22	JT	2914	加ト吉	2873	93.88		
83	2007/12/7	新生銀行	8303	シンキ	8568	67.7		
84	2007/12/15	三菱地所	8802	藤和不動産	8834	52.11		

図表4-③　合併　買い手企業 CAR 検定

イベント	t値	自由度	有意確率(両側)	平均値の差	差の95%信頼区間 下限	差の95%信頼区間 上限
-45	1.935	64	.057	.61090	-.0197	1.2415
-44	1.714	64	.091	.46885	-.0777	1.0155
-43	3.655	64	.001	.94632	.4291	1.4636
-42	2.014	64	.048	.57272	.0047	1.1407
-41	2.346	64	.022	.52715	.0783	.9760
-40	.973	64	.334	.27084	-.2852	.8269
-39	1.937	64	.057	.49020	-.0153	.9957
-38	2.424	64	.018	.59938	.1054	1.0934
-37	1.196	64	.236	.40034	-.2682	1.0689
-36	.653	64	.516	.20502	-.4223	.8324
-35	.248	64	.805	.09545	-.6721	.8630
-34	2.521	64	.014	.66466	.1380	1.1913
-33	3.672	64	.000	1.23173	.5617	1.9018
-32	3.847	64	.000	1.35855	.6531	2.0640
-31	5.759	64	.000	1.55207	1.0136	2.0905
-30	5.565	64	.000	1.52576	.9781	2.0735
-29	6.548	64	.000	1.39957	.9726	1.8266
-28	4.708	64	.000	1.27708	.7352	1.8189
-27	4.249	64	.000	1.23183	.6527	1.8112
-26	3.416	64	.001	1.19309	.4953	1.8909
-25	6.496	64	.000	1.63517	1.1323	2.1380
-24	2.099	64	.040	1.74213	.0837	3.4006
-23	8.814	61	.000	2.61973	1.8517	3.3878
-22	4.796	64	.000	2.38501	1.3915	3.3786
-21	8.333	64	.000	2.44892	1.8618	3.0360
-20	7.278	64	.000	2.50489	1.8173	3.1925
-19	7.841	64	.000	2.94549	2.1951	3.6959
-18	7.194	64	.000	2.65234	1.9158	3.3889
-17	6.715	64	.000	2.35422	1.6539	3.0546
-16	5.704	64	.000	2.13095	1.3846	2.8773
-15	5.708	64	.000	1.92937	1.2541	2.6046
-14	4.804	64	.000	1.58821	.9277	2.2487
-13	4.708	64	.000	1.43130	.8240	2.0386
-12	5.217	64	.000	1.55219	.9578	2.1466
-11	6.108	64	.000	1.79910	1.2107	2.3875
-10	5.411	64	.000	1.66334	1.0493	2.2774
-9	5.203	64	.000	1.67663	1.0329	2.3204
-8	4.998	64	.000	1.72215	1.0338	2.4105
-7	7.840	64	.000	2.18481	1.6281	2.7415
-6	5.730	64	.000	2.23719	1.4572	3.0172
-5	6.481	64	.000	1.82615	1.2632	2.9891
-4	5.403	64	.000	1.58263	.9975	2.1678
-3	4.723	64	.000	1.62849	.9396	2.3174
-2	3.949	64	.000	1.46521	.7240	2.2064
-1	2.349	64	.022	1.14405	.1710	2.1171
0	.498	64	.620	.43523	-1.3106	2.1811
1	-5.760	64	.000	-2.46434	-3.3190	-1.6096
2	-6.371	64	.000	-2.45145	-3.2201	-1.6828
3	-4.692	64	.000	-1.58250	-2.2562	-.9088
4	-2.847	64	.006	-1.00489	-1.7100	-.2998
5	-2.642	64	.010	-.80886	-1.4205	-.1972
6	-.486	64	.629	-.15450	-.7900	.4810
7	1.381	64	.172	.32717	-.1463	.8006
8	1.837	64	.071	-.69839	-.0612	1.4580
9	1.814	64	.074	.61652	-.0623	1.2953
10	3.062	64	.003	1.03307	.3591	1.7071
11	3.006	64	.004	.83031	.2786	1.3820
12	3.225	64	.002	1.09585	.4170	1.7747
13	6.515	64	.000	1.79411	1.2440	2.3442
14	6.456	64	.000	1.46196	1.0095	1.9144
15	3.743	64	.000	1.09172	.5090	1.6744
16	1.452	64	.151	.41165	-.1546	.9779
17	2.478	64	.016	.68855	.1335	1.2436
18	3.156	64	.002	.85288	.3129	1.3928
19	3.325	64	.001	1.00493	-.4012	1.6087
20	4.169	64	.000	1.43045	.7450	2.1159
21	5.100	64	.000	1.55426	.9455	2.1631
22	4.133	64	.000	1.47420	.7616	2.1868
23	3.666	64	.001	1.32692	.6038	2.0501
24	3.438	64	.001	1.07632	.4508	1.7018
25	2.282	64	.026	.71767	.0894	1.3459
26	1.465	64	.148	.61176	-.2225	1.4460
27	2.876	64	.005	.71578	.2185	1.2130
28	3.966	64	.000	1.37371	.6817	2.0658
29	-3.591	64	.001	1.28110	.5684	1.9938
30	2.381	64	.020	.66593	.1072	1.2246
31	1.931	64	.058	.53998	-.0186	1.0986
32	1.773	64	.081	.42778	-.0542	.9098
33	.425	64	.672	.11206	-.4141	.6382
34	-.176	64	.861	-.05101	-.6296	.5276
35	1.389	64	.178	.35777	-.1568	.8723
36	-.100	64	.921	-.03531	-.7433	.6727
37	-.180	64	.858	-.05954	-.7209	.6018
38	-1.130	64	.263	-.32410	-.8972	.2490
39	-.026	64	.979	-.00692	-.5337	.5199
40	-.690	64	.493	-.25131	-.9791	.4765
41	-.450	64	.654	-.15850	-.8614	.5444
42	.737	64	.464	.20428	-.3491	.7577
43	1.505	64	.137	.45991	-.1506	1.0704
44	1.843	64	.070	.51366	-.0431	1.0704
45	3.110	64	.003	.86309	.3087	1.4174

図表 4-④　合併　ターゲット企業 CAR 検定

イベント	t値	自由度	有意確率(両側)	平均値の差	差の95%信頼区間 下限	差の95%信頼区間 上限
-45	3.685	64	.000	1.16142	.5318	1.7911
-44	3.628	64	.001	.93668	.4209	1.4525
-43	4.055	64	.000	1.03323	.5243	1.5422
-42	2.712	64	.009	.97627	.2571	1.6955
-41	1.570	64	.121	.47586	-.1297	1.0814
-40	2.015	64	.048	.64640	.0054	1.2874
-39	1.236	64	.221	.38767	-.2392	1.0145
-38	.863	64	.392	.72673	-.9562	2.4097
-37	3.973	64	.000	1.56126	.7763	2.3463
-36	3.052	64	.003	1.28487	.4438	2.1259
-35	2.324	64	.023	.84269	.1182	1.5672
-34	5.500	64	.000	1.33172	.8480	1.8155
-33	5.683	64	.000	1.82102	1.1808	2.4612
-32	7.280	64	.000	2.13952	1.5524	2.7266
-31	6.593	64	.000	2.05316	1.4311	2.6753
-30	5.887	64	.000	1.87632	1.2396	2.5130
-29	3.774	64	.000	1.38066	.6499	2.1115
-28	1.613	64	.105	.58983	-.1272	1.3069
-27	3.395	64	.001	.90524	.3726	1.4379
-26	2.551	64	.013	.91201	.1979	1.6262
-25	2.124	64	.038	.95508	.0568	1.8534
-24	1.016	64	.313	.24373	-.2354	.7229
-23	-.513	64	.610	-.13822	-.6788	.4003
-22	.785	64	.435	.23341	-.3606	.8274
-21	2.065	64	.043	.56183	.0182	1.1054
-20	2.410	64	.019	.78000	.1336	1.4282
-19	2.557	64	.013	.74450	.1628	1.3262
-18	.632	64	.530	.52073	-1.1258	2.1672
-17	3.398	64	.001	1.06211	.4376	1.6866
-16	4.082	64	.000	1.40521	.7174	2.0930
-15	3.421	64	.001	1.23222	.5127	1.9517
-14	2.930	64	.005	.78248	.2490	1.3160
-13	.386	64	.701	.60419	-2.5236	3.7820
-12	5.774	64	.000	2.11840	1.3854	2.8514
-11	7.058	64	.000	2.08909	1.4977	2.6803
-10	9.795	64	.000	2.63535	2.0978	3.1729
-9	5.134	64	.000	2.14616	1.3111	2.9813
-8	7.061	64	.000	2.31700	1.6615	2.9725
-7	8.308	64	.000	2.17627	1.6529	2.6996
-6	6.737	64	.000	2.47218	1.7391	3.2053
-5	-7.569	64	.000	2.19481	1.6155	2.7741
-4	5.193	64	.000	2.04520	1.2585	2.8319
-3	5.291	64	.000	1.85082	1.1520	2.5497
-2	-1.732	64	.088	.75319	-.1157	1.6221
-1	1.223	64	.226	.69198	-.4384	1.8224
0	-.452	64	.653	-.36347	-1.9711	1.2441
1	-4.847	64	.000	-2.89156	-4.0833	-1.6998
2	-6.047	64	.000	-2.06566	-2.7480	-1.3833
3	-3.743	64	.000	-1.05709	-1.6214	-.4928
4	-2.153	64	.035	-.77060	-1.4857	-.0555
5	-1.288	64	.203	-.41852	-1.0679	.2309
6	-.997	64	.323	-.31594	-.9493	.3174
7	1.457	64	.150	.41450	-.1539	.9829
8	1.345	64	.183	.44077	-.2140	1.0956
9	1.440	64	.155	.50781	-.1968	1.2124
10	2.039	64	.046	.60605	.0124	1.1997
11	2.529	64	.014	.56107	.1178	1.0043
12	1.911	64	.060	.70661	-.0320	1.4452
13	4.208	64	.000	1.27997	.6723	1.8876
14	4.048	64	.000	1.18828	.6019	1.7747
15	3.598	64	.001	1.17692	.5234	1.8304
16	2.899	64	.005	.78280	.2434	1.3222
17	3.128	64	.003	.94942	.3430	1.5558
18	2.474	64	.016	.75472	.1452	1.3642
19	4.526	64	.000	1.12703	.6296	1.6245
20	5.301	64	.000	1.63419	1.0183	2.2501
21	8.050	64	.000	2.13526	1.6054	2.6652
22	8.277	64	.000	2.28792	1.7357	2.8401
23	5.088	64	.000	2.21814	1.5273	3.0891
24	6.244	64	.000	1.83294	1.2465	2.4194
25	4.903	64	.000	1.70396	1.0096	2.3983
26	3.972	64	.000	1.27892	.6357	1.9221
27	3.386	64	.001	.87640	.3593	1.3935
28	4.437	64	.000	1.33129	.7319	1.9307
29	4.005	64	.000	1.34847	.6759	2.0211
30	2.846	64	.006	.88207	.2628	1.5013
31	2.024	64	.047	.56896	.0074	1.1305
32	.999	64	.322	.22292	-.2230	.6688
33	1.158	64	.251	.30613	-.2213	.8341
34	1.183	64	.241	.31223	-.2152	.8396
35	-.561	64	.577	-.13603	-.6203	.3489
36	-.881	64	.382	-.34078	-1.1139	.4324
37	-.888	64	.378	-.26670	-.8666	.3333
38	-2.860	64	.006	-.78329	-1.3305	-.2361
39	-2.019	64	.048	-.57061	-1.1353	-.0060
40	-1.821	64	.073	-.50491	-1.0589	.0491
41	-1.650	64	.104	-.53289	-1.1781	.1123
42	-1.025	64	.309	-.38667	-1.1402	.3669
43	-.229	64	.820	-.06034	-.5875	.4669
44	1.162	64	.249	.34912	-.2509	.9491
45	.710	64	.480	.25361	-.4596	.9668

146 図　　表

図表4-⑤　買収　買い手企業 *CAR* 検定

イベント	t値	自由度	有意確率(両側)	平均値の差	差の95%信頼区間 下限	差の95%信頼区間 上限
-45	.045	83	.964	.01184	-.5075	.5312
-44	.074	83	.942	.01473	-.3839	.4133
-43	.996	83	.322	.17770	-.1771	.5325
-42	.131	83	.896	.02949	-.4177	.4767
-41	.709	83	.480	.16507	-.2980	.6282
-40	1.666	83	.099	.31564	-.0612	.6924
-39	1.462	83	.147	.28668	-.1032	.6766
-38	2.224	83	.029	.48055	.0508	.9103
-37	4.114	83	.000	.81667	.4218	1.2115
-36	2.812	83	.006	.68300	.1999	1.1661
-35	3.962	83	.000	.76876	.3829	1.1547
-34	4.414	83	.000	.82579	.4536	1.1979
-33	4.304	83	.000	.94990	.5110	1.3888
-32	4.951	83	.000	.90866	.5436	1.2737
-31	3.057	83	.003	1.01641	.3551	1.6777
-30	2.655	83	.010	.59834	.1500	1.0466
-29	1.227	83	.223	.23443	-.1455	.6144
-28	2.154	83	.034	.65147	.0498	1.2531
-27	1.825	83	.072	.44162	-.0398	.9230
-26	1.642	83	.104	.36177	-.0764	.8000
-25	2.921	83	.004	.56470	.1802	.9492
-24	3.629	83	.000	.63603	.2874	.9846
-23	3.273	83	.002	.75878	.2977	1.2199
-22	4.334	83	.000	.85551	.4629	1.2482
-21	3.657	83	.000	.80957	.3693	1.2499
-20	3.358	83	.001	.78384	.3195	1.2482
-19	2.720	83	.008	.45691	.1228	.7910
-18	1.295	83	.199	.30790	-.1651	.7809
-17	.775	83	.440	.12486	-.1955	.4452
-16	.643	83	.522	.13275	-.2776	.5431
-15	1.708	83	.091	.42320	-.0695	.9159
-14	1.953	83	.054	.40594	-.0076	.8194
-13	.877	83	.383	.17116	-.2172	.5595
-12	1.657	83	.101	.35529	-.0711	.7816
-11	-.252	83	.802	-.05791	-.5153	.3994
-10	-1.174	83	.244	-.21480	-.5788	.1492
-9	-1.779	83	.079	-.31613	-.6695	.0373
-8	-.778	83	.439	-.15680	-.5576	.2440
-7	-.032	83	.975	-.00712	-.4490	.4348
-6	1.670	83	.099	.31408	-.0599	.6881
-5	3.199	83	.002	.63583	.2405	1.0312
-4	1.372	83	.174	.30929	-.1392	.7578
-3	.569	83	.571	.12080	-.3017	.5433
-2	-.480	83	.632	-.10410	-.5351	.3268
-1	2.815	83	.006	.48750	.1430	.8320
0	1.800	83	.076	.52050	-.0548	1.0958
1	.265	83	.792	.08465	-.5514	.7207
2	-.731	83	.467	-.21753	-.8097	.3746
3	-.469	83	.640	-.10388	-.5443	.3365
4	-1.381	83	.171	-.35057	-.8556	.1544
5	-.625	83	.534	-.14547	-.6086	.3176
6	.705	83	.483	.15871	-.2888	.6062
7	.669	83	.512	.17202	-.3475	.6915
8	3.305	83	.001	.77453	.3085	1.2406
9	2.267	83	.026	.55785	.0683	1.0474
10	.920	83	.360	.24199	-.2814	.7654
11	.065	83	.948	.01426	-.4234	.4519
12	-.198	83	.843	-.03903	-.4305	.3524
13	-.686	83	.494	-.13569	-.5289	.2576
14	-.651	83	.517	-.15614	-.6331	.3208
15	.103	83	.918	.02159	-.3940	.4372
16	.481	83	.632	.10682	-.3347	.5484
17	-.549	83	.585	-.14466	-.6688	.3795
18	.417	83	.678	.08592	-.3240	.4959
19	-.988	83	.326	-.17927	-.5403	.1818
20	-.382	83	.703	-.07646	-.4742	.3213
21	.920	83	.360	.20449	-.2378	.6468
22	.386	83	.700	.07050	-.2923	.4333
23	-1.194	83	.236	-.20221	-.5392	.1348
24	.670	83	.505	-.13421	-.5329	.2644
25	-.367	83	.714	-.08868	-.5689	.3916
26	-1.484	83	.142	-.33418	-.7820	.1136
27	-2.873	83	.005	-.55813	-.9446	-.1717
28	-3.500	83	.001	-.80545	-1.2632	-.3477
29	-4.755	83	.000	-1.11260	-1.5780	-.6472
30	-5.199	83	.000	-1.08388	-1.4985	-.6692
31	-4.857	83	.000	-1.20880	-1.7038	-.7138
32	-6.612	83	.000	-1.46432	-1.9048	-1.0238
33	-5.739	83	.000	-1.44760	-1.9493	-.9459
34	-6.628	83	.000	-1.46741	-1.9077	-1.0271
35	-6.015	83	.000	-1.39325	-1.8540	-.9325
36	-6.330	83	.000	-1.50814	-1.9820	-1.0343
37	-8.964	83	.000	-1.65555	-2.0229	-1.2882
38	-8.624	83	.000	-1.48710	-1.8301	-1.1441
39	-5.750	83	.000	-1.29558	-1.7438	-.8474
40	-3.873	83	.000	-.91523	-1.3853	-.4452
41	-3.748	83	.000	-.67093	-1.0270	-.3149
42	-3.435	83	.001	-.86247	-1.3619	-.3630
43	-4.512	83	.000	-.89896	-1.2952	-.5027
44	-4.683	83	.000	-.93562	-1.3330	-.5382
45	-5.143	83	.000	-1.06957	-1.4832	-.6559

図表4-⑥ 買収 ターゲット企業 CAR 検定

イベント	t値	自由度	有意確率(両側)	平均値の差	差の95%信頼区間 下限	差の95%信頼区間 上限
-45	-3.799	82	.000	-1.39106	-2.1195	-.6626
-44	-6.585	82	.000	-1.85096	-2.4101	-1.2918
-43	-4.642	82	.000	-1.72856	-2.4694	-.9878
-42	-4.250	82	.000	-2.07740	-3.0499	-1.1049
-41	-4.030	82	.000	-2.73158	-4.0800	-1.3832
-40	-12.215	82	.000	-3.41677	-3.9732	-2.8603
-39	-9.441	82	.000	-3.39171	-4.1064	-2.6770
-38	-9.176	82	.000	-3.15084	-3.8339	-2.4678
-37	-9.039	82	.000	-2.81590	-3.4357	-2.1961
-36	-9.414	82	.000	-2.78671	-3.3756	-2.1979
-35	-7.373	82	.000	-2.37277	-3.0130	-1.7326
-34	-8.927	82	.000	-2.32143	-2.8388	-1.8041
-33	-8.808	82	.000	-2.21531	-2.7156	-1.7150
-32	-7.622	82	.000	-1.89816	-2.3936	-1.4027
-31	-5.553	82	.000	-2.05175	-2.7868	-1.3167
-30	-9.509	82	.000	-2.24895	-2.7194	-1.7785
-29	-7.234	82	.000	-2.10143	-2.6793	-1.5235
-28	-7.892	82	.000	-1.97397	-2.4716	-1.4764
-27	-5.197	82	.000	-2.34859	-3.2477	-1.4495
-26	-9.360	82	.000	-2.75263	-3.3377	-2.1676
-25	-6.320	82	.000	-2.27954	-2.9971	-1.5620
-24	-10.958	82	.000	-2.83494	-3.3496	-2.3203
-23	-10.864	82	.000	-3.08208	-3.6464	-2.5177
-22	-12.142	82	.000	-3.40400	-3.9617	-2.8463
-21	-10.445	82	.000	-3.22946	-3.8445	-2.6144
-20	-15.621	82	.000	-3.54289	-3.9941	-3.0917
-19	-10.386	82	.000	-3.12283	-3.7210	-2.5247
-18	-12.686	82	.000	-3.50521	-4.0549	-2.9555
-17	-16.940	82	.000	-3.67620	-4.1079	-3.2445
-16	-15.202	82	.000	-3.70585	-4.1908	-3.2209
-15	-14.059	82	.000	-3.24731	-3.7068	-2.7878
-14	-11.966	82	.000	-3.56590	-4.1587	-2.9731
-13	-11.763	82	.000	-3.42133	-4.0000	-2.8427
-12	-11.052	82	.000	-3.32913	-3.9287	-2.7301
-11	-13.258	82	.000	-3.72294	-4.2816	-3.1643
-10	-15.752	82	.000	-3.47158	-3.9100	-3.0332
-9	-15.854	82	.000	-3.54424	-3.9890	-3.0995
-8	-9.591	82	.000	-3.24913	-3.9231	-2.5752
-7	-8.404	82	.000	-2.95595	-3.6556	-2.2563
-6	-11.528	82	.000	-3.10484	-3.6406	-2.5691
-5	-8.983	82	.000	-3.18608	-3.8916	-2.4805
-4	-11.052	82	.000	-3.90078	-4.6029	-3.1986
-3	-19.608	82	.000	-4.20703	-4.6338	-3.7802
-2	-13.134	82	.000	-4.44079	-5.1134	-3.7602
-1	-10.719	82	.000	-5.18426	-6.1464	-4.2221
0	-4.965	82	.000	-6.33992	-8.8804	-3.7995
1	-20.092	82	.000	-13.19208	-14.4982	-11.8859
2	-38.395	82	.000	-12.82173	-13.4860	-12.1574
3	-25.784	82	.000	-11.65753	-12.5569	-10.7581
4	-29.529	82	.000	-11.69783	-12.4859	-10.9098
5	-30.004	82	.000	-11.43005	-12.1879	-10.6722
6	-47.513	82	.000	-11.50669	-11.9885	-11.0249
7	-61.493	82	.000	-11.31727	-11.6834	-10.9511
8	-31.054	82	.000	-10.88749	-11.5850	-10.1900
9	-38.615	82	.000	-10.99700	-11.5635	-10.4305
10	-43.680	82	.000	-11.29207	-11.8063	-10.7778
11	-30.025	82	.000	-11.13842	-11.8764	-10.4005
12	-43.995	82	.000	-10.51458	-10.9900	-10.0391
13	-39.147	82	.000	-10.62984	-11.1700	-10.0897
14	-29.775	82	.000	-10.00973	-10.6785	-9.3410
15	-23.091	82	.000	-9.71052	-10.5471	-8.8740
16	-29.629	82	.000	-10.05214	-10.7271	-9.3772
17	-32.462	82	.000	-10.25585	-10.8844	-9.6273
18	-27.905	82	.000	-9.94744	-10.6566	-9.2383
19	-29.388	82	.000	-10.34500	-11.0453	-9.6447
20	-28.702	82	.000	-9.87066	-10.5548	-9.1865
21	-42.699	82	.000	-9.96726	-10.4316	-9.5029
22	-29.890	82	.000	-9.41270	-10.0391	-8.7862
23	-27.798	82	.000	-9.27660	-9.9405	-8.6127
24	-35.054	82	.080	-9.44832	-9.9845	-8.9121
25	-32.434	82	.080	-9.92936	-10.5384	-9.3204
26	-38.242	82	.000	-9.60088	-10.1003	-9.1015
27	-42.190	82	.000	-9.24788	-9.6839	-8.8118
28	-40.572	82	.000	-9.06107	-9.5054	-8.6168
29	-30.760	82	.000	-8.88356	-9.4581	-8.3091
30	-32.839	82	.000	-9.13414	-9.6875	-8.5808
31	-33.228	82	.000	-8.89423	-9.4267	-8.3618
32	-28.967	82	.000	-8.80913	-9.4141	-8.2042
33	-18.194	82	.000	-8.81313	-9.7767	-7.8495
34	-24.949	82	.000	-8.79179	-9.4928	-8.0308
35	-32.156	82	.000	-8.59265	-9.1242	-8.0611
36	-31.638	82	.000	-8.57671	-9.1160	-8.0974
37	-36.575	82	.000	-8.44001	-8.8991	-7.9810
38	-21.973	82	.000	-8.20179	-8.9443	-7.4593
39	-31.595	82	.000	-7.87436	-8.3701	-7.3786
40	-16.656	82	.000	-7.67871	-8.5958	-6.7616
41	-24.469	82	.000	-7.35092	-7.9486	-6.7533
42	-26.081	82	.000	-7.39095	-7.9547	-6.8272
43	-28.629	82	.000	-7.28235	-7.7884	-6.7763
44	-24.470	82	.000	-7.40583	-8.0079	-6.8038
45	-17.187	82	.000	-7.25155	-8.0909	-6.4122

図表4-⑦ 高合併プレミアムの検証結果

合併	買い手企業	存続株価 P_a	ターゲット企業	消滅株価 P_t	合併交換比率 r	合併プレミアム (%)
1	8408	516	8401	104	0.300	48.85
2	7867	1951	7969	493	0.356	40.88
3	8306	1050000	8307	475000	0.620	37.05
4	7248	385	7281	290	1.000	32.76
5	8751	1083	8760	600	0.690	24.55
6	8357	148	8353	98	0.800	20.82
7	6212	231	7142	115	0.600	20.52
8	1821	47	1823	48	1.200	17.50
9	6426	4130	7964	990	0.280	16.81
10	8021	166	8116	171	1.200	16.49
11	8234	1602	3051	993	0.714	15.19
12	9751	2275	3819	1577	0.790	13.97
13	7967	2395	9752	1406	0.660	12.43
14	8905	3530	8853	2515	0.800	12.29
15	4501	2345	4505	2450	1.159	10.93
16	7741	4490	7750	642	0.158	10.50
17	5014	184	5716	426	2.540	9.71
18	4091	430	4103	318	0.810	9.53
19	8199	835	8161	761	0.990	8.63
20	4535	2345	4508	1190	0.550	8.38
21	6113	865	6959	698	0.873	8.19
22	5701	133	5737	370	3.000	7.84
23	6473	1473	6206	1049	0.760	6.72
24	1813	188	1863	423	2.400	6.67
25	8761	323	8758	275	0.900	5.71
26	4739	4810	9660	1413	0.310	5.53
27	5001	407	5004	203	0.525	5.26
28	6933	205	6931	196	1.000	4.59
29	7626	810	6968	233	0.300	4.29
30	8318	1735	8314	1000	0.600	4.10
31	8623	298	8610	173	0.600	3.35
32	8238	1669	2779	553	0.340	2.61
33	4902	871	7753	528	0.621	2.44
34	4503	3590	4511	2495	0.710	2.16
35	9952	2370	2775	3940	1.687	1.48
36	8752	456	8753	490	1.090	1.44
37	3706	326	3881	556	1.730	1.44
38	8015	327	8069	420	1.300	1.21
39	8593	5840	8599	5790	1.000	0.86
40	1604	818000	1601	1174	0.001	0.33
					平均	11.60

図表4-⑧ 低合併プレミアムの検証結果

合併	買い手企業	存続株価 P_a	ターゲット企業	消滅株価 P_t	合併交換比率 r	合併プレミアム (%)
1	6113	281	6107	186	0.657	-0.74
2	6107	328	6108	162	0.487	-1.40
3	8616	415	8620	742	1.750	-2.12
4	8327	366	8539	262	0.700	-2.21
5	8380	1308	8329	228000	170.000	-2.47
6	4004	145	5734	150	1.000	-3.33
7	4010	340	4509	1106	3.130	-3.78
8	3877	273	3864	158	0.555	-4.10
9	8754	244	8762	255	1.000	-4.31
10	5938	1449	5336	643	0.424	-4.45
11	2579	2540	2576	1205	0.451	-4.93
12	4795	67000	9442	284000	4.000	-5.63
13	8063	42	8004	70	1.540	-7.60
14	8391	351	8548	289	0.750	-8.91
15	4010	234	4532	465	1.750	-11.94
16	1925	781	8829	271	0.300	-13.54
17	9104	196	9105	65	0.285	-14.06
18	6508	145	9649	450	2.650	-14.61
19	5403	129	5404	116	0.750	-16.59
20	8015	1836	8003	153	0.069	-17.20
21	9684	1875	9620	1884	0.810	-19.39
22	3863	674	3871	523	0.600	-22.68
23	5012	181	5005	703	2.700	-30.48
24	8606	205	8608	296	1.000	-30.74
25	8755	576	8756	325	0.360	-36.20
					平均	-11.34

図表4-⑨ 高買収プレミアムの検証結果

買収	買い手企業	存続株価 P_a	ターゲット企業	消滅株価 P_t	合併交換比率 r	合併プレミアム (%)
1	9042	580	9043	939	11.40	604.15
2	2802	1470	2591	1106	0.95	26.27
3	9005	622	9725	166	0.32	19.90
4	4061	365	4210	375	1.15	11.93
5	1334	235	1331	193	0.91	10.19
6	3893	700000	3869	182	0.00	7.69
7	3382	4840	8188	3970	0.88	7.28
8	9005	430	7123	68	0.17	5.60
9	8307	658000	8621	593	0.00	5.41
10	6503	571	5972	262	0.48	4.61
11	9005	506	8232	155	0.32	4.46
12	8316	1290000	8623	988	0.00	4.45
13	8306	978000	9645	1313	0.00	0.56
					平均	54.81

2 第6章の図表

図表6-① 合併 買い手企業サンプル一覧

	イベント日	合併 買い手企業	証券コード
1	1998/7/31	ブリヂストン	5108
2	1998/9/2	ブラザー工業	6448
3	1998/9/10	森永製菓	2201
4	1998/10/17	日本軽金属	5701
5	1998/10/28	日本石油	5001
6	1998/11/19	オリックス	8591
7	1998/11/21	大阪商船三井船舶	9104
8	1999/1/14	北九州コカ・コーラボトリング	2579
9	1999/1/15	日本ケミコン	6997
10	1999/1/25	日本毛織	3201
11	1999/1/30	すかいらーく	8180
12	1999/3/1	富士重工業	7270
13	1999/3/4	ジャスコ	8267
14	1999/3/24	カルソニック	7248
15	1999/7/21	クロサキ	5352
16	1999/8/17	すかいらーく	8180
17	1999/8/26	アマダ	6113
18	1999/10/19	大同ほくさん	4088
19	1999/11/25	豊田通商	8015
20	1999/12/16	DDI	9433
21	2000/1/13	協和エクシオ	1951
22	2000/2/15	国際電気	6756
23	2000/2/17	ゼネラル石油	5012
24	2000/7/26	積水ハウス	1928
25	2000/8/28	大和ハウス工業	1925
26	2000/10/4	昭和電工	4004
27	2000/10/21	リンガーハット	8200
28	2001/1/31	近畿通信建設	1932
29	2001/4/4	トステム	5938
30	2001/10/19	ボッシュオートモーティブシステム	6041
31	2001/11/28	神戸製鋼所	5406
32	2002/4/26	ビー・エス	1871
33	2002/4/26	日立造船	7004
34	2002/8/10	高砂電器産業	6423
35	2002/10/12	明電舎	6508
36	2002/12/2	大庄	9979
37	2002/12/14	第一セメント	5234
38	2002/12/26	住友ゴム工業	5110

図表6-② 買収　買い手企業サンプル一覧

	イベント日	買収　買い手企業	証券コード
1	1998/8/28	東芝	6502
2	1998/8/29	トヨタ自動車	7203
3	1998/9/17	オートバックスセブン	9832
4	1998/10/23	ユニー	8270
5	1998/10/31	JT	2914
6	1998/11/10	コマツ	6301
7	1998/11/12	CSK	9737
8	1999/1/22	三菱化学	4010
9	1999/2/27	セコム	9735
10	1999/3/1	東京急行電鉄	9005
11	1999/4/28	東京急行電鉄	9005
12	1999/4/29	住友重機械工業	6302
13	1999/7/15	ダイニック	3551
14	1999/7/28	日石三菱	5001
15	1999/9/9	トステム	5938
16	1999/9/29	CSK	9737
17	1999/11/5	川崎汽船	9107
18	1999/11/23	松下電器産業	6752
19	1999/12/22	高島屋	8233
20	2000/2/18	住友軽金属工業	5738
21	2000/3/11	日野自動車	7205
22	2000/3/24	トステム	5938
23	2000/4/7	神戸製鋼所	5406
24	2000/5/12	いすゞ自動車	7202
25	2000/6/13	内田洋行	8057
26	2000/6/15	コマツ	6301
27	2000/6/21	キヤノン販売	8060
28	2000/8/17	松下電工	6991
29	2000/8/26	NEC	6701
30	2000/9/30	日本郵船	9101
31	2000/11/9	住友ゴム工業	5110
32	2000/12/26	日本板硝子	5202
33	2000/12/27	東京急行電鉄	9005
34	2001/1/29	コナミ	9766
35	2001/2/16	KOA	6999
36	2001/2/28	ニチハ	7943
37	2001/3/2	コカ・コーラウエストジャパン	2579
38	2001/3/13	富士重工業	7270
39	2001/4/24	トヨタ自動車	7203
40	2001/5/30	西濃運輸	9076
41	2001/7/3	シスメックス	6869
42	2001/7/12	ノリタケカンパニーリミテッド	5331
43	2001/9/7	阪急電鉄	9042
44	2001/9/26	NEC	6701
45	2001/9/28	神戸製鋼所	5406
46	2001/11/1	松下電工	6991
47	2001/11/23	イオン	8267
48	2001/12/3	王子製鉄	3861
49	2001/12/5	王子製紙	3861
50	2002/1/16	太平洋セメント	5233
51	2002/2/12	横河ブリッジ	5911
52	2002/2/23	日本郵船	9101
53	2002/2/28	トヨタ自動車	7203
54	2002/4/19	電気化学工業	4061
55	2002/4/19	日立製作所	6501
56	2002/4/25	東京急行電鉄	9005
57	2002/4/26	豊田自動織機	6201
58	2002/5/15	横河電機	6841
59	2002/5/17	京セラ	6971
60	2002/5/21	大同特殊鋼	5471
61	2002/5/23	クロサキ	5352
62	2002/6/4	イズミ	8273
63	2002/6/27	帝人	3401
64	2002/7/9	日本ハム	2282
65	2002/7/22	富士写真フイルム	4901
66	2002/8/6	ケーヨー	8168
67	2002/8/28	川崎重工業	7012
68	2002/9/12	CSK	9737
69	2002/9/13	シーエーシー	4725
70	2002/9/21	昭文社	9475
71	2002/10/23	石川島播磨重工業	7013
72	2002/10/28	コメリ	8218
73	2002/11/26	トランスコスモス	9715
74	2002/11/29	三菱電機	6503
75	2002/12/4	住友重機械工業	6302
76	2002/12/18	三菱ガス化学	4182
77	2002/12/20	オンワード樫山	8016
78	2002/12/27	関西電力	9503

図表6-③　買収　ターゲット企業サンプル一覧

	イベント日	買収　ターゲット企業	証券コード
1	1998/8/28	東芝テック	6588
2	1998/8/29	ダイハツ工業	7262
3	2000/4/7	日本高周波鋼業	5476
4	2000/8/26	日通工	6705
5	2000/9/30	小松建設工業	1865
6	2001/4/24	日野自動車	7205
7	2001/9/26	トーキン	6759
8	2002/4/26	アイチコーポレーション	6345

図表6-④　合併　買い手企業のPBR推移

	イベント日	合併　買い手企業	証券コード	t-4	t-3	t-2	t-1	t	t+1	t+2	t+3	t+4	t+5
1	1998/7/31	ブリヂストン	5108	2.5	2.4	3.2	3.7	3.1	2.4	1.2	1.5	1.5	1.6
2	1998/9/2	ブラザー工業	6448	1.7	1.2	1.2	1.0	0.8	0.6	0.7	1.6	2.1	2.6
3	1998/9/10	森永製菓	2201	1.8	2.6	1.8	1.0	1.1	1.3	1.3	1.1	0.8	1.2
4	1998/10/17	日本軽金属	5701	1.6	2.4	1.4	0.7	0.5	0.5	0.4	0.6	0.7	1.7
5	1998/10/28	日本石油	5001	1.1	1.3	1.0	0.9	0.9	0.7	1.1	1.0	0.8	1.0
6	1998/11/19	オリックス	8591	1.9	2.2	2.7	4.1	3.7	5.7	3.1	3.2	1.6	1.9
7	1998/11/21	大阪商船三井船舶	9104	2.5	3.3	2.0	1.9	2.0	1.6	1.9	2.4	2.1	3.9
8	1999/1/14	北九州コカ・コーラボトリング	2579	1.0	1.3	1.3	1.9	2.4	1.3	1.1	0.9	1.1	1.3
9	1999/1/15	日本ケミコン	6997	1.3	1.0	0.8	0.8	0.9	1.3	0.9	0.7	1.1	1.1
10	1999/1/25	日本毛織	3201	1.4	1.8	1.0	1.0	0.5	0.7	0.9	0.6	0.7	0.9
11	1999/1/30	すかいらーく	8180	2.2	2.1	1.5	2.0	3.5	4.4	2.6	1.8	2.1	2.0
12	1999/3/1	富士重工業	7270	3.2	3.0	2.1	2.6	2.5	2.5	1.3	0.8	1.0	0.9
13	1999/3/4	ジャスコ	8267	3.2	3.8	2.0	1.8	1.4	2.4	2.2	2.0	3.1	1.2
14	1999/3/24	カルソニック	7248	2.1	1.5	1.2	0.9	0.7	0.8	0.7	1.0	1.7	1.3
15	1999/7/21	クロサキ	5352	3.0	1.4	1.0	0.7	0.8	0.8	0.5	0.5	1.0	1.4
16	1999/8/17	すかいらーく	8180	2.2	2.1	1.5	2.0	3.5	4.4	2.6	1.8	2.1	2.0
17	1999/8/26	アマダ	6113	1.4	1.1	0.7	0.7	0.9	0.8	0.7	0.3	0.8	0.7
18	1999/10/19	大同ほくさん	4088	1.7	1.1	0.8	0.7	0.7	1.1	1.3	1.2	1.5	1.7
19	1999/11/25	豊田通商	8015	1.4	1.1	0.8	0.6	0.6	0.8	1.0	1.1	2.0	2.7
20	1999/12/16	DDI	9433	8.7	8.3	4.1	5.8	8.3	4.0	1.7	1.7	2.8	2.2
21	2000/1/13	協和エクシオ	1951	2.5	2.3	2.2	1.7	2.5	1.2	0.5	1.4	1.6	2.7
22	2000/2/15	国際電気	6756	2.0	1.2	0.9	1.6	0.9	0.6	0.4	1.1	1.1	1.8
23	2000/2/17	ゼネラル石油	5012	2.2	1.9	1.4	0.9	2.8	1.8	1.8	2.4	2.4	3.0
24	2000/7/26	積水ハウス	1928	1.0	1.0	1.0	0.9	1.0	0.9	1.0	1.1	1.3	1.9
25	2000/8/28	大和ハウス工業	1925	1.4	0.9	1.2	0.6	0.7	0.7	0.6	1.5	1.4	2.1
26	2000/10/4	昭和電工	4004	3.0	1.2	1.0	1.4	1.9	1.0	0.8	1.8	1.8	3.0
27	2000/10/21	リンガーハット	8200	1.6	1.1	1.5	2.0	2.2	1.9	1.9	1.9	2.1	2.7
28	2001/1/31	近畿通信建設	1932	1.3	1.0	0.9	0.7	0.8	0.7	1.3	1.3	1.5	1.0
29	2001/4/4	トステム	5938	0.9	1.4	1.0	0.9	1.1	0.8	1.5	1.3	1.6	1.5
30	2001/10/19	ボッシュオートモーティブシステム	6041	0.9	0.7	0.4	0.6	0.5	1.2	2.9	2.6	2.2	2.0
31	2001/11/28	神戸製鋼所	5406	0.8	0.7	0.6	0.7	0.5	0.7	1.6	1.7	3.5	2.8
32	2002/4/26	ピー・エス	1871	0.4	0.4	0.4	0.4	0.4	0.6	0.5	0.6	0.6	0.5
33	2002/4/26	日立造船	7004	1.7	1.5	1.6	1.1	0.9	3.9	1.8	2.2	4.8	1.4
34	2002/8/10	高砂電器産業	6423	1.0	7.5	2.8	0.9	0.6	0.4	1.1	1.6	0.4	0.4
35	2002/10/12	明電舎	6508	0.9	1.2	0.9	1.3	0.9	1.4	1.5	2.4	1.4	0.9
36	2002/12/2	大庄	9979	0.6	0.9	1.1	1.0	0.8	0.7	0.9	1.0	1.2	1.1
37	2002/12/14	第一セメント	5234	0.3	0.3	0.3	0.3	0.3	0.5	0.6	1.0	1.0	0.5
38	2002/12/25	住友ゴム工業	5110	1.3	1.0	1.1	1.1	1.1	1.4	2.1	3.0	2.3	1.3
			平均	1.8	1.9	1.4	1.4	1.5	1.5	1.3	1.5	1.7	1.7

154 図　　表

図表6-⑤　買い手企業のPBR推移

	イベント日	買収買い手企業	買い手企業	証券コード	t−4	t−3	t−2	t−1	t	t+1	t+2	t+3	t+4	t+5
1	1998/8/28	東芝		6502	1.7	2.3	1.8	1.4	2.2	3.2	2.2	1.7	1.4	2.7
2	1998/8/29	トヨタ自動車		7203	1.4	1.8	2.2	2.4	2.2	3.3	2.4	1.9	1.3	1.9
3	1998/9/17	オートバックスセブン		9832	5.8	3.6	2.6	1.5	1.5	0.9	0.8	0.8	0.6	0.8
4	1998/10/23	ユニー		8270	1.6	2.0	2.0	1.8	1.7	0.7	1.0	0.9	0.9	1.1
5	1998/10/31	JT		2914	1.4	1.7	1.3	1.5	1.7	1.0	1.1	1.1	0.9	0.9
6	1998/11/10	コマツ		6301	1.2	1.7	1.5	1.2	1.1	1.0	1.1	0.9	1.1	1.7
7	1998/11/12	CSK		9737	1.0	1.4	1.5	1.7	2.4	3.8	1.8	3.0	1.5	3.9
8	1999/1/22	三菱化学		4010	2.5	1.6	1.1	1.6	2.0	1.9	1.6	1.3	2.0	1.9
9	1999/2/27	セコム		9735	3.4	3.1	3.4	4.4	3.0	4.4	3.4	1.8	2.9	2.6
10	1999/3/1	東京急行電鉄		9005	3.8	2.8	2.4	1.4	2.8	3.4	3.2	2.5	4.9	4.0
11	1999/4/28	東京急行電鉄		9005	3.8	2.8	2.4	1.4	2.8	3.4	3.2	2.5	4.9	4.0
12	1999/4/29	住友重機械工業		6302	3.8	2.8	3.3	1.9	2.0	1.5	1.8	0.5	2.0	2.2
13	1999/7/15	ダイニック		3551	3.0	1.2	1.1	0.7	0.6	0.7	0.6	0.6	2.7	1.6
14	1999/7/28	日石三菱		5001	1.3	1.0	0.9	0.9	1.0	1.1	1.0	0.8	1.0	1.4
15	1999/9/9	トステム		5938	2.2	1.8	0.9	1.4	1.0	0.9	1.1	0.8	1.5	1.3
16	1999/9/29	CSK		9737	1.4	1.5	1.7	2.4	3.8	1.8	3.0	1.5	3.9	2.7
17	1999/11/5	川崎汽船		9107	3.7	2.2	1.8	2.0	1.5	1.5	1.3	2.0	3.9	3.6
18	1999/11/23	松下電器産業		6752	1.1	1.2	1.2	1.3	1.8	1.3	0.9	0.7	1.2	1.1
19	1999/12/22	高島屋		8233	2.9	2.3	1.6	1.3	1.0	1.2	0.9	0.8	1.6	1.8
20	2000/2/18	住友軽金属工業		5738	10.1	5.1	33.8	2.6	1.3	3.5	3.2	6.3	2.9	3.5
21	2000/3/11	日野自動車		7205	1.9	1.0	1.3	0.9	2.2	2.0	1.6	2.4	1.8	1.8
22	2000/3/24	トステム		5938	1.8	0.9	1.4	1.0	0.9	1.1	0.8	1.5	1.3	1.6
23	2000/4/7	神戸製鋼所		5406	1.8	0.8	0.7	0.6	0.7	0.5	0.7	1.6	1.7	3.5
24	2000/5/12	いすゞ自動車		7202	4.1	2.3	3.1	1.7	1.7	1.0	1.4	6.1	2.3	2.9
25	2000/6/13	内田洋行		8057	1.2	0.9	0.5	0.8	1.0	0.8	0.5	1.0	0.7	0.8
26	2000/6/15	コマツ		6301	1.5	1.2	1.1	1.0	1.1	0.9	1.1	1.7	1.9	4.7
27	2000/6/21	キヤノン販売		8060	1.5	0.9	1.0	0.9	0.8	0.5	0.5	0.6	1.0	1.6
28	2000/8/17	松下電工		6991	1.6	1.5	1.6	1.4	1.7	1.5	1.0	1.1	1.2	1.8
29	2000/8/26	NEC		6701	2.5	2.1	2.1	5.3	3.3	1.9	1.1	4.4	1.9	2.2
30	2000/9/30	日本郵船		9101	2.3	2.4	2.3	2.1	2.3	1.9	1.6	2.1	2.2	2.1
31	2000/11/9	住友デイス工業		5110	2.3	1.3	1.3	1.0	1.1	1.1	1.1	1.4	2.1	3.0

32	2000/12/26	日本板硝子	5202	1.2	0.8	1.3	3.4	3.5	0.9	0.5	1.0	1.0	1.4
33	2000/12/27	東京急行電鉄	9005	2.8	2.4	1.4	2.8	3.4	3.2	2.5	4.9	4.0	4.9
34	2001/1/29	コナミ	9766	2.8	3.8	5.4	4.7	2.5	1.6	4.3	3.0	3.6	2.8
35	2001/2/16	KOA	6999	1.9	1.4	3.3	2.1	1.2	0.6	1.0	0.9	1.5	1.7
36	2001/2/28	ニチハ	7943	1.2	1.1	0.8	0.7	0.9	0.7	1.4	1.3	1.7	1.2
37	2001/3/2	コカ・コーラウエストジャパン	2579	1.3	1.9	2.4	1.3	1.1	0.9	1.1	1.3	1.4	1.3
38	2001/3/13	富士重工業	7270	2.1	2.6	2.5	2.5	1.3	0.8	1.0	0.9	1.1	1.0
39	2001/4/24	トヨタ自動車	7203	2.4	2.2	3.3	2.4	1.9	1.3	1.9	1.8	2.6	2.6
40	2001/5/30	西濃運輸	9076	0.6	0.5	0.4	0.3	0.4	0.6	0.8	0.8	0.9	0.8
41	2001/7/3	シスメックス	6869	0.8	1.2	2.1	1.7	1.4	1.2	1.4	3.0	2.3	3.4
42	2001/7/12	ブリヂストン	5331	1.8	1.5	1.2	1.7	1.4	0.8	1.3	1.2	1.9	1.2
43	2001/9/7	阪急電鉄	9042	3.3	2.8	1.8	2.1	1.4	0.9	1.5	1.6	2.3	2.1
44	2001/9/26	NEC	6701	2.1	2.1	5.3	3.3	1.9	1.1	4.4	1.9	2.2	1.4
45	2001/9/28	神戸製鋼所	5406	0.8	0.7	0.6	0.7	0.5	0.7	1.6	1.7	3.5	2.8
46	2001/11/1	松下電工	6991	1.5	1.6	1.4	1.7	1.5	1.0	1.1	1.2	1.8	1.6
47	2001/11/23	イオン	8267	2.0	1.8	1.4	2.4	2.2	2.0	3.1	1.2	3.2	2.6
48	2001/12/3	王子製紙	3861	1.5	1.4	1.7	1.3	1.5	1.2	1.8	1.4	1.6	1.3
49	2001/12/5	王子製紙	3861	1.5	1.4	1.7	1.3	1.5	1.2	1.8	1.4	1.6	1.3
50	2002/1/16	太平洋セメント	5233	1.0	0.6	0.9	0.9	0.8	1.4	1.3	2.3	1.8	0.8
51	2002/2/12	横河ブリッジ	5911	0.3	0.3	0.4	0.4	0.5	0.4	0.7	0.7	0.6	0.4
52	2002/2/23	日本郵船	9101	2.3	2.1	2.3	1.9	1.6	2.1	2.2	2.1	2.0	1.8
53	2002/2/28	トヨタ自動車	7203	2.2	3.3	2.4	1.9	1.3	1.9	1.8	2.6	2.6	1.5
54	2002/4/19	電気科学工業	4061	1.1	2.1	2.0	1.7	1.5	1.8	1.6	2.0	1.9	1.0
55	2002/4/19	日立製作所	6501	0.9	1.4	1.2	1.1	0.6	1.5	1.0	1.2	1.2	0.8
56	2002/4/25	東京急行電鉄	9005	1.4	2.8	3.4	3.2	2.5	4.9	4.0	4.9	4.2	1.9
57	2002/4/26	豊田自動織機	6201	2.0	1.9	2.2	0.7	0.6	1.0	1.0	1.4	1.1	0.7
58	2002/5/15	横河電機	6841	0.8	1.4	1.5	1.3	1.1	3.0	2.3	3.2	2.2	1.1
59	2002/5/17	京セラ	6971	1.6	4.2	2.7	1.6	1.1	1.7	1.3	1.7	1.6	1.1
60	2002/5/21	大同特殊鋼	5471	0.5	0.7	1.0	0.8	0.5	0.8	1.3	3.6	1.9	1.2
61	2002/5/23	クロサキ	5352	0.7	0.8	0.8	0.5	0.5	1.0	1.4	2.7	2.0	0.8
62	2002/6/4	イズミ	8273	0.7	0.5	0.7	1.4	1.0	1.3	1.6	2.9	1.6	0.9
63	2002/6/27	帝人	3401	1.5	1.3	1.7	1.2	0.8	1.2	1.4	2.5	1.8	1.1
64	2002/7/9	日本ハム	2282	1.8	1.2	1.3	1.2	1.0	1.1	1.2	1.0	1.1	1.1

65	2002/7/22	富士写真フイルム	4901	1.6	1.6	1.5	1.3	1.1	1.0	1.2	1.1	1.3	0.9
66	2002/8/6	ケーヨー	8168	0.8	0.5	0.7	1.0	0.9	0.6	0.5	1.0	1.5	0.9
67	2002/8/28	川崎重工業	7012	1.7	0.9	1.3	1.1	0.8	1.3	1.4	3.0	3.3	1.3
68	2002/9/12	CSK	9737	2.4	3.8	1.8	3.0	1.5	3.9	2.7	2.9	2.1	1.0
69	2002/9/13	シーエーシー	4725	0.0	4.8	3.9	2.0	0.6	1.3	1.4	2.3	1.2	0.9
70	2002/9/21	昭文社	9475	1.5	4.3	0.7	0.7	0.7	0.7	0.7	1.0	0.7	0.4
71	2002/10/23	石川島播磨重工業	7013	1.3	0.7	2.1	1.6	0.8	1.2	1.5	3.2	3.8	1.3
72	2002/10/28	コメリ	8218	4.4	5.7	2.8	3.2	2.0	2.4	2.1	3.0	2.4	1.4
73	2002/11/26	トランスコスモス	9715	3.0	16.6	2.1	1.2	0.4	1.7	1.8	1.6	1.0	1.1
74	2002/11/29	三菱電機	6503	1.4	3.8	2.2	1.9	1.3	3.2	2.0	3.0	2.8	1.7
75	2002/12/4	住友重機械工業	6302	1.9	2.0	1.5	1.8	0.5	2.0	2.2	5.0	4.2	1.9
76	2002/12/18	三菱ガス化学	4182	1.0	0.7	0.9	0.6	0.5	1.1	1.3	3.4	2.2	1.2
77	2002/12/20	オンワード樫山	8016	1.3	1.0	0.9	1.0	0.8	1.3	1.4	1.7	1.4	0.9
78	2002/12/27	関西電力	9503	1.9	1.2	1.3	1.2	1.1	1.2	1.3	1.5	1.8	1.3
		平均		2.0	2.1	2.2	1.7	1.4	1.6	1.6	2.0	2.0	1.8

図表6-6 買収ターゲット企業のPBR推移

	イベント日	買収ターゲット企業	証券コード	t−4	t−3	t−2	t−1	t	t+1	t+2	t+3	t+4	t+5
1	1998/8/28	東芝テック	6588	1.1	2.2	1.2	1.1	1.2	1.2	0.7	0.7	0.7	1.2
2	1998/8/29	ダイハツ工業	7262	1.8	2.7	2.4	1.7	2.0	1.8	2.0	1.3	0.9	1.6
3	2000/4/7	日本高周波鋼業	5476	0.9	0.5	0.5	0.4	0.8	0.5	0.6	1.1	1.2	2.4
4	2000/8/26	日通工	6705	1.6	0.9	1.2	1.5	1.5	1.2	0.9	1.3	1.7	2.6
5	2000/9/30	小松建設工業	1865	0.7	0.6	0.9	0.9	0.8	1.3	5.3	2.1	1.0	0.7
6	2001/4/24	日野自動車	7205	1.0	1.3	0.9	2.2	2.0	1.6	2.4	1.8	1.8	1.3
7	2001/9/26	トーキン	6759	1.7	1.6	1.6	2.3	1.6	1.0	2.8	2.6	3.5	2.1
8	2002/4/26	アイチコーポレーション	6345	0.4	0.2	0.3	0.3	0.5	1.8	2.1	2.9	2.7	1.5
		平均		1.2	1.3	1.1	1.3	1.3	1.3	2.1	1.7	1.7	1.7

158 図　　表

図表 6-⑦　合併　買い手企業の ROA 推移

	イベント日	合併 買い手企業	証券コード	t-4	t-3	t-2	t-1	t	t+1	t+2	t+3	t+4	t+5
1	1998/7/31	ブリヂストン	5108	6.27	10.10	12.09	6.01	14.18	11.56	2.33	2.15	5.56	10.54
2	1998/9/2	ブラザー工業	6448	3.56	1.93	0.21	6.56	1.27	2.83	-2.89	1.11	20.90	16.65
3	1998/9/10	森永製菓	2201	-5.80	-6.19	-1.90	-3.06	5.25	5.22	4.39	4.21	1.01	4.31
4	1998/10/17	日本軽金属	5701	-3.36	0.09	-1.04	-8.58	-17.09	-14.53	-24.07	1.84	8.24	12.02
5	1998/10/28	日本石油	5001	3.33	2.60	1.94	1.75	1.48	-0.65	3.43	2.63	3.48	-15.25
6	1998/11/19	オリックス	8591	5.88	6.07	8.11	11.41	10.57	8.73	8.02	14.91	7.37	10.10
7	1998/11/21	大阪商船三井	9104	-3.50	3.87	4.81	6.31	5.04	5.69	7.39	6.77	8.87	28.68
8	1999/1/14	北九州コカ・コーラ	2579	8.50	7.51	6.73	6.90	5.65	3.65	0.90	4.40	5.68	5.15
9	1999/1/15	日本ケミコン	6997	6.42	4.86	-0.95	-4.30	1.79	10.87	-11.28	1.70	1.97	3.91
10	1999/1/25	日本毛織	3201	3.74	3.73	3.08	2.41	1.17	4.37	4.72	3.69	4.55	5.00
11	1999/1/30	すかいらーく	8180	3.58	1.74	0.44	-18.45	18.69	10.72	5.91	-1.19	4.85	7.65
12	1999/3/1	富士重工業	7270	19.86	30.79	19.28	18.27	15.42	8.03	8.04	8.29	8.94	3.94
13	1999/3/4	ジャスコ	8267	11.59	11.44	3.31	5.16	4.16	5.84	-4.12	12.64	12.22	11.17
14	1999/3/24	カルソニック	7248	8.99	7.02	3.82	0.52	-15.71	2.49	4.27	6.67	7.72	3.83
15	1999/7/21	クロサキ	5352	4.38	1.14	1.51	-0.69	2.46	2.11	-1.99	1.81	4.70	7.30
16	1999/8/17	すかいらーく	8180	3.58	1.74	0.44	-18.45	18.69	10.72	5.91	-1.19	4.85	7.65
17	1999/8/26	マツダ	6113	1.62	2.46	3.02	1.05	-6.95	4.53	-0.18	-2.25	0.12	3.01
18	1999/10/19	大同ほくさん	4088	1.63	3.26	3.74	3.16	6.10	7.64	8.38	7.13	8.32	10.65
19	1999/11/25	豊田通商	8015	1.69	4.52	4.86	0.69	-5.59	5.88	5.88	12.14	11.87	17.62
20	1999/12/16	DDI	9433	2.09	-13.74	4.22	7.59	-4.55	2.50	1.52	6.55	12.29	18.47
21	2000/1/13	協和エクシオ	1951	12.05	8.92	8.57	4.86	6.73	5.06	2.68	5.48	9.83	12.86
22	2000/2/15	国際電気	6756	10.28	0.50	-6.91	0.19	-11.88	-17.12	1.88	2.16	7.48	7.27
23	2000/2/17	ゼネラル石油	5012	3.81	0.52	-5.27	-15.42	3.42	6.84	3.47	12.52	20.28	5.42
24	2000/7/26	積水ハウス	1928	5.55	4.95	2.78	-12.23	3.44	-13.21	5.43	5.75	3.55	6.36
25	2000/8/28	大和ハウス工業	1925	7.72	3.45	2.79	2.86	1.02	0.87	-17.14	7.63	7.92	8.21
26	2000/10/4	昭和電工	4004	3.26	9.46	-15.80	-0.73	2.40	-24.11	9.00	6.53	4.42	8.14
27	2000/10/21	リンガーハット	8200	7.28	5.83	6.16	5.44	8.24	5.19	4.71	-6.34	-1.53	1.08
28	2001/1/31	近畿通信建設	1932	5.21	8.81	9.91	7.49	6.40	5.82	10.14	9.83	9.19	8.62
29	2001/4/4	トステム	5938	-1.82	1.34	-4.27	2.84	2.30	3.63	6.33	5.83	4.05	6.11
30	2001/10/19	ポッシュAJ	6041	0.01	-8.64	-20.21	-25.11	-22.06	3.19	26.82	28.58	19.20	14.28
31	2001/11/20	神戸製鋼所	5406	-1.33	-11.23	-17.74	2.43	-10.48	0.60	7.08	14.46	18.60	19.55

32	2002/4/26	ビー・エス	1871	1.95	1.51	3.08	4.22	3.01	1.67	−4.22	−9.05	−40.17	−22.92
33	2002/8/10	高砂電器産業	6423	0.99	21.69	29.54	9.52	−2.24	−30.10	6.04	33.11	−17.75	−78.72
34	2002/10/12	明電舎	6508	−37.33	−14.69	−6.57	−10.47	2.55	5.52	10.16	5.74	3.78	4.01
35	2002/12/2	大圧	9979	3.13	2.80	13.04	9.71	8.85	5.57	3.05	5.57	3.87	4.51
36	2002/12/14	第一セメント	5234	2.37	0.85	1.57	2.54	2.09	1.66	2.34	3.20	5.92	1.43
37	2002/12/26	住友ゴム工業	5110	5.30	5.09	5.14	−6.63	7.88	12.35	14.98	16.04	14.66	9.07
		平均		3.04	3.41	2.26	0.16	1.99	1.94	3.22	6.52	5.86	5.07

図表 6-8 買収 買い手企業の ROA 推移

	イベント日	買収 買い手企業	証券コード	t−4	t−3	t−2	t−1	t	t+1	t+2	t+3	t+4	t+5
1	1998/8/28	東芝	6502	4.00	7.79	5.44	0.59	−1.23	−3.12	9.12	−28.98	2.90	4.35
2	1998/8/29	トヨタ自動車	7203	2.68	4.97	7.02	7.77	5.84	6.27	6.78	8.53	12.78	14.86
3	1998/10/23	ユニー	8270	6.62	6.48	4.86	6.06	5.63	3.58	2.54	−7.86	6.20	4.67
4	1998/10/31	JT	2914	5.98	5.56	6.27	4.35	5.39	3.45	2.87	2.36	4.65	−0.49
5	1998/11/10	コマツ	6301	1.89	2.42	3.16	3.61	−2.43	2.72	1.43	−18.55	0.76	6.57
6	1998/11/12	CSK	9737	−5.88	−6.03	−7.26	−18.53	−19.39	−5.97	−22.54	15.81	11.80	19.79
7	1999/1/22	三菱化学	4010	4.57	−2.44	1.20	−6.29	−5.89	0.82	−12.44	6.16	9.24	13.14
8	1999/2/27	セコム	9735	9.26	8.62	6.92	15.51	12.06	9.32	2.45	9.34	10.64	11.48
9	1999/3/1	東京急行電鉄	9005	0.86	12.90	0.09	−13.41	1.00	−19.12	8.06	2.22	−7.89	20.48
10	1999/4/28	東京急行電鉄	9005	0.86	12.90	0.89	−13.41	1.00	−19.12	8.06	2.22	−7.89	20.48
11	1999/4/29	住友重機械工業	6302	8.83	8.05	5.95	−16.19	−9.18	−60.31	2.81	3.04	15.95	18.11
12	1999/7/15	ダイニック	3551	−1.85	1.37	1.54	−7.43	−18.42	−24.21	−21.23	−49.25	19.15	13.22
13	1999/7/28	日石三菱	5001	2.60	1.94	1.75	1.48	−0.65	3.43	2.63	3.48	−15.25	14.82
14	1999/9/9	トステム	5938	6.70	5.37	−1.82	1.34	−4.27	2.84	2.30	3.63	6.33	5.83
15	1999/9/29	CSK	9737	−6.03	−7.26	−18.53	−19.39	−5.97	−22.54	15.81	11.80	19.79	23.38
16	1999/11/5	川崎汽船	9107	4.83	9.93	2.47	2.33	9.59	2.73	6.52	12.99	32.70	39.60
17	1999/11/23	松下電器産業	6752	−1.71	3.89	2.51	0.37	2.76	1.11	−12.19	−0.61	1.27	1.67
18	1999/12/22	高島屋	8233	14.08	5.01	3.91	2.18	3.02	3.78	−27.86	2.17	−1.98	7.37
19	2000/2/18	住友軽金属工業	5738	−9.95	−140.0	185.3	−27.04	3.14	−9.64	30.32	18.16	20.12	15.29
20	2000/3/11	日野自動車	7205	5.15	1.16	−29.74	−20.63	−13.87	6.33	2.76	17.04	7.74	11.17
21	2000/3/24	トステム	5938	5.37	−1.82	1.34	−4.27	2.84	2.30	3.63	6.33	5.83	4.05
22	2000/4/7	神戸製鋼所	5406	4.85	−1.33	−11.23	−17.74	2.43	−10.48	0.60	7.08	14.46	18.60
23	2000/6/13	内田洋行	8057	2.69	−1.20	−11.93	5.36	9.15	4.40	−5.07	6.99	5.21	4.79
24	2000/6/15	コマツ	6301	3.16	3.61	−2.43	2.72	1.43	−18.55	0.76	6.57	13.07	20.78
25	2000/6/21	キヤノン販売	8060	4.69	4.32	2.59	2.48	2.51	−13.75	1.56	3.16	5.38	6.38
26	2000/8/17	松下電工	6991	5.98	6.43	3110	2.65	5.91	3.51	1.27	3.70	1.32	5.63
27	2000/8/23	西友グループ	8268	−3.48	−122.6	11.09	−66.11	1.09	15.27	−553.3	−160.1	−266.0	−32.16
28	2000/8/26	NEC	6701	9.73	3.98	−15.14	1 · 09	5.98	−42.17	−2.79	2.08	11.16	1.49
29	2000/9/30	日本郵船	9101	5.82	2.96	5.01	6.16	13.23	5.86	4.70	10.77	18.15	18.35
30	2000/11/9	住友ゴム工業	5110	5.67	6.36	5.30	5.09	5.14	−6.63	7.88	12.35	14.98	16.04
31	2000/12/26	日本板硝子	5202	0.35	0.86	−2.12	9.68	16.30	−1.00	−1.52	1.64	3.74	3.50

32	2000/12/27	東京急行電鉄	9005	12.90	0.09	-13.41	1.00	-19.12	8.06	2.22	-7.89	20.48	18.91
33	2001/1/29	コナミ	9766	12.52	11.58	31.16	19.74	9.32	-24.62	20.88	10.08	17.06	9.58
34	2001/2/16	KOA	6999	16.25	6.44	10.10	14.60	-3.88	0.47	4.58	4.95	6.73	10.62
35	2001/2/28	ニチイ	7943	9.43	3.28	4.84	6.18	4.11	3.23	7.03	7.39	6.66	5.73
36	2001/3/2	コカ・コーラウエスト	2579	6.73	6.90	5.65	3.65	0.90	4.40	5.68	5.15	4.29	3.57
37	2001/3/13	富士重工業	7270	19.28	18.27	15.42	8.03	8.04	8.29	8.94	3.94	3.33	6.65
38	2001/4/24	トヨタ自動車	7203	7.77	5.84	6.27	6.78	8.53	12.78	14.86	13.60	14.00	14.68
39	2001/5/30	西濃運輸	9076	2.47	1.36	1.38	-8.72	7.68	5.85	5.25	5.13	-2.96	3.11
40	2001/7/3	システムックス	6869	5.06	2.90	5.63	4.03	3.75	7.92	6.69	10.69	12.50	13.45
41	2001/7/12	ノリタケカンパニー	5331	4.71	0.32	3.56	4.05	2.07	0.66	4.89	6.11	7.07	7.46
42	2001/9/7	阪急電鉄	9042	2.23	2.80	5.43	6.62	1.60	-34.54	1.30	9.93	7.94	8.38
43	2001/9/28	神戸製鋼所	5406	-1.33	-11.23	-17.74	2.43	-10.48	0.60	7.08	14.46	18.60	19.55
44	2001/11/1	松下電工	6991	6.43	3.10	2-65	5.91	3.51	1.27	3.70	1.32	5.63	6.49
45	2001/11/23	イオン	8267	3.31	5.16	4.16	5.84	-4.12	12.64	12.22	11.17	4.42	7.26
46	2001/12/3	王子製紙	3861	2.42	-2.75	1.27	2.91	-4.11	2.86	6.96	9.01	4.13	3.27
47	2001/12/5	王子製紙	3861	2.42	-2.75	1.27	2.91	-4.11	2.86	6.96	9.01	4.13	3.27
48	2002/1/16	太平洋セメント	5233	-7.63	0.90	-15.77	-10.28	2.98	7.69	6.28	3.60	8.68	7.03
49	2002/2/12	横河ブリッジ	5911	0.44	-2.60	4.35	-0.48	2.68	1.69	-0.73	-7.85	-0.59	0.55
50	2002/2/23	日本郵船	9101	5.01	6.16	13.23	5.86	4.70	10.77	18.15	18.35	10.55	17.63
51	2002/2/28	トヨタ自動車	7203	5.84	6.27	6.78	8.53	12.78	14.86	13.60	14.00	14.68	14.49
52	2002/4/19	電気化学工業	4061	-0.79	9.36	6.17	-2.13	4.89	9.72	11.06	11.10	10.31	423
53	2002/4/19	日立製作所	6501	-10.96	0.57	3.57	-18.73	1.34	0.79	2.30	1.55	-1.33	-2.52
54	2002/4/25	東京急行電鉄	9005	-13.41	1.00	-19.12	8.06	2.22	-7.89	20.48	18.91	20.00	13.39
55	2002/4/26	豊田自動織機	6201	3.43	4.43	3.57	2.98	2.71	3.83	4.07	3.45	3.54	5.11
56	2002/5/15	横河電機	6841	-2.54	3.34	13.46	-12.52	-17.44	16.64	5.70	10.96	5.48	5.13
57	2002/5/17	京セラ	6971	3.67	6.42	24.12	3.10	4.03	6.32	3.95	5.66	7.60	7.23
58	2002/5/21	大同特殊鋼	5471	-2.27	1.52	1.99	1.31	-8.03	3.27	8.22	13.38	10.85	7.55
59	2002/5/23	クロサキ	5352	-0.69	2.46	2.11	-1.99	1.81	4.70	7.30	11.64	13.86	10.46
60	2002/6/4	イズミ	8273	0.45	1.93	4.67	6.62	7.42	10.81	11.30	13.31	13.99	13.81
61	2002/6/27	帝人	3101	2.67	2.38	5.18	0.31	-7.11	2.95	3.13	7.90	9.68	3.33
62	2002/7/9	日本ハム	2282	4.68	6.67	10.60	7.04	1.75	4.18	4.46	0.34	3.86	0.53
63	2002/7/22	富士写真フイルム	4901	4.96	5.61	7.37	4.90	2.88	4.80	4.70	1.94	1.75	5.36
64	2002/8/6	ケーヨー	8168	1.54	-4.43	4.18	3.72	4.80	0.49	-7.07	-35.58	10.22	11.47

162　図　　表

65	2002/8/28	川崎重工業	7012	-3.00	-9.95	-6.09	3.79	7.61	3.47	5.86	7.50	11.28	11.64
66	2002/9/12	CSK	9737	-19.39	-5.97	-22.54	15.81	11.30	19.79	23.38	18.36	4.77	0.73
67	2002/9/21	昭文社	9475	6.59	5.67	0.35	0.11	3.40	2.08	2.64	3.03	0.92	-3.72
68	2002/10/23	石川島播磨重工	7013	2.75	-42.29	5.06	2.85	-5.39	-23.76	1.43	3.27	-2.41	11.66
69	2002/10/28	コメリ	8218	10.69	10.81	10.09	11.22	10.03	10.48	10.42	10.53	10.28	8.67
70	2002/11/26	トランスコスモス	9715	1.83	2.64	5.69	-24.48	-17.39	1.84	8.72	11.55	13.29	-6.58
71	2002/11/29	三菱電機	6503	-7.64	4.03	18.22	-12.78	-2.53	9.00	10.77	11.51	12.30	15.11
72	2002/12/4	住友重機械工業	6302	-16.19	-9.18	-60.31	2.81	3.04	15.95	18.11	19.51	20.06	19.46
73	2002/12/18	三菱ガス化学	4182	3.98	2.42	4.19	-2.42	-0.28	6.20	12.17	14.50	14.97	13.72
74	2002/12/20	オンワード樫山	8016	2.80	4.05	2.60	2.02	3.79	6.74	5.14	5.46	5.61	6.13
75	2002/12/27	関西電力	9503	4.18	3.93	8.27	8.15	5.14	5.66	4.25	9.38	8.09	4.59
		平均		2.56	-1.14	-1.24	-0.67	1.09	-0.17	-2.60	3.14	4.70	9.09

図表6-9 買収ターゲット企業のROA推移

	イベント日	買収	ターゲット企業	証券コード	t-4	t-3	t-2	t-1	t	t+1	t+2	t+3	t+4	t+5
1	1998/8/28	東芝テック		6588	-7.24	-1.59	4.40	8.31	7.40	3.43	-6.11	-4.49	3.48	6.92
2	1998/8/29	ダイハツ工業		7262	1.18	7.03	16.80	6.56	2.28	8.42	8.98	4.94	7.95	8.45
3	1999/1/22	日本化成		4007	4.26	3.80	-1.85	-95.65	-16.52	7.48	-8.68	5.99	2.72	-3.79
4	1999/2/27	パスコ		9232	-1.41	-0.85	0.45	-243.3	13.33	0.12	-3.89	-11.57	-52.12	1.69
5	2000/4/7	日本高周波鋼業		5476	-1.98	-3.83	-27.31	-45.42	1.03	1.50	0.64	0.33	2.16	7.99
6	2000/8/26	日通工		6705	1.67	-7.65	-7.13	2.87	-4.17	-3.00	-0.26	0.52	2.74	3.60
7	2000/9/30	小松建設工業		1865	1.16	-57.79	2.09	0.75	-19.43	55.37	41.10	31.98	5.49	5.76
8	2001/4/24	日野自動車		7205	1.16	-29.74	-20.63	-13.87	6.33	2.76	17.04	7.74	11.17	7.08
9	2001/9/26	トーキン		6759	5.45	-7.41	-6.56	6.81	-16.17	-29.56	4.65	3.40	3.66	-7.26
		平均			0.47	-10.89	-4.42	-41.44	-2.88	5.17	5.94	4.32	-1.42	3.38

参 考 文 献

英文文献

Ainspan, Nathan D., and David Dell. 2000, *Employee Communication during Mergers*, New York: Conference Board. Research report no. 1270-00-RR.

Andrade, G., M. Mitchell., and E. Stafford. 2001, New Evidence and Perspectives on Mergers, *Journal of Economic Perspectives* 15: 103-112.

Asquith, P. 1983, Merger bids, uncertainty, and stockholder returns, *Journal of Financial Economics* 11: 51-83.

Barney, J. 2003, *Gaining and Sustaining Competitive Advantage*. (岡田正大訳『企業戦略論 下』ダイヤモンド社, 2003年).

Brealey, R., Myers, S., and Allen. F. 2007, *Principles of Corporate Finance 8th ed*. The McGraw-Hill Companies, Inc. (藤井眞理子, 国枝繁樹監訳『コーポレートファイナンス [第8版]』日経BP社, 2007年).

Bradley, M., A. Desai., and E. H. Kim. 1988, Synergistic gain from corporate acquisitions and their division between the stockholders of target and acquiring firms, *Journal of Financial Economics* 21: 3-40.

Bruner, R. 2004, *Applied Mergers and Acquisitions*, John Wiley & Sons, Inc.

Bruner, R. 2002, "Does M&A Pay? A review of the evidence for the decision-maker", *Journal of Applied Finance* 12: 48-68.

Coase, R. 1937, The nature of firm, *Economica* 4: 386-405.

Dodd, P. 1980, Merger Proposals, Management Discretion and Stockholder Wealth, *Journal of Financial Economics* 8: 105-138.

Dodd, P., and R. S. Ruback. 1977, Tender offer and stockholder returns: An empirical analysis, *Journal of Financial Economics* 5: 351-374.

Eckbo, B. 1983, Horizontal mergers, collusion, and stockholder wealth, *Journal of Financial Economics* 11: 241-273.

Eckbo, B., and P. Wire. 1985, Antimeger policy under the Hart-Scott-Rodino Act: A reexamination of the market power hypothesis, *Journal of Law and Economics* 28: 119-149.

Fama, Eugene., F. Larry., Fisher, Micheal., C. Jensen., and Richard, Roll. 1969, The adjustment of stock prices to new information, *International Economic Review* 10: 1-21.

Franks, J. R., R. S. Harris., and C. Mayer. 1988, *Means of payment in takeovers: Results for the United Kingdom and the United States, in A.J. Auerbach, ed, Corporate takeovers : causes and consequences*, University of Chicago Press.

Ghosh, A. 2001, Does operating performance really improve following corporate acquisitions?, *Journal of Corporate Finance* 7 : 151-178.

Healy, P., K. Palepu., and R. S. Ruback. 1992, Does corporate performance improve after mergers?, *Journal of Financial Economics* 31 : 135-175.

Houston, J. F., and M. D. Rynganert. 1994, The takeover gains from large bank mergers, *Journal of Banking and Finance* 18 : 1155-1176.

Jarrell, G. A., and A. Poulsen. 1987, Shark repellent and stock price : The effect of antitakeover amendments since 1980, *Journal of Financial Economics* 19 : 127-168.

Jarrell, G. A., and A. Paulsen. 1989, The return to acquiring firms in tender offers : evidence from three decades, *Financial management* 18 : 12-19.

Jarrell, G. A., J. A. Brickley., and J. M. Netter. 1988, The market for corporate control : The empirical evidence since 1980, *Journal of Economic Perspective* 2 (1) : 49-68.

Jensen, M. C. 1986, agency costs of free cash flow, corporate finance, and takeovers, *American Economic Review* 76 : 323-329.

Jensen, M. C. 1988, Takeovers ; Their causes and consequences, *Journal of Economic Perspective* 2 : 21-48.

Jensen, M. C., and R. S. Ruback. 1983, The Market for Corporate Control : The Scientific Evidence, *Journal of Financial Economics* 11 : 5-50.

Jensen, M. C., and W. H. Meckling. 1976, Theory of the firm : Managerial behavior, agency cost and ownership structure, *Journal of Financial Economics* 3 : 305-360.

Kang, J., A. Shivdasani., and T. Yamada. 2000, The effect of bank relations on investment decisions : An investigation of Japanese takeover bids, *Journal of Finance* 55 : 2197-2218.

Keown, A. J., and J. M. Pinkerton. 1981, Merger Announcements and Insider Trading Activity : An Empirical Investigation, *Journal of Finance* 36 : 855-869.

Lang, L. H. P., P. M. Stulz., and R. Walking. 1989, Managerial performance, Tobin's Q and the gains from successful tender offers, *Journal of Financial Economics* 24 : 137-154.

Malatesta, P. H., and R. A. Walking. 1988, Poison pill securities : stockholder wealth, profitability, and ownership structure, *Journal of Financial Economics* 20 : 347-376.

Mandelker, Gershon. 1974, Risk and return : The case of merging firms, *Journal of Financial Economics* 1 : 303-335.

Manne, H. G. 1965, Mergers and the market for corporate control, *Journal of Political Economy* 73 : 110-120.

Meeks, G. 1977, *Disappointing Marriage : A Study of the Gains from Merger*, Cambridge, Cambridge University Press.

Millman, Gregory J., and Carol Lippert Gray. 2000, Desperately seeking synergy, *Financial Executive* : 12-17.

Mitchell, M. L., and T. Pulvino. 2001, Characteristics of risk and return in risk arbitrage, *Journal of Finance* 56 : 2135-2175.

Morck, R., A. Shleifer., and R. W. Vishny. 1990, Do managerial motives drive bad acquisitions?, *Journal of Finance* 45 : 31-48.

Mueller, D. 1980, *The Determinants and Effects of Mergers : An International Comparison*, Cambridge, MA : Oelgeschager, Gunn & Hain.

Nelson, R. 1959, *Merger Movements in American Industry* 1895-1956, Princeton : Princeton University Press.

Palepu, K., Healy, P., and Bernard. V. B. 2001, *Business Analysis and Valuation : Using Financial Statements 2nd ed*, South-Western College Publishing.（斎藤静樹監訳『企業分析入門［第2版］』東京大学出版会, 2001年).

Pettway, R. H., and T. Yamada. 1986, Mergers in Japan and their impacts upon stockholders' wealth, *Financial Management* 15 : 43-52.

Ravenscraft, D., and F. M. Schere. 1987, Life after Takeovers, *Journal of Industrial Economics* 36 : 147-156.

Rhodes-Kropf, M., D. T. Robinson., and S. Viswanathan. 2005, Valuation waves and merger activity : The empirical evidence, *Journal of Financial Economics* 77 : 561-604.

Roll, R. 1986, The hubris theory of corporate takeovers, *Journal of Business* 59 : 197-216.

Seth, A. 1990, Source of Value Creation in Acquisitions : An Empirical Investigation, *Strategic Management Journal* 11 : 431-446.

Servaes, H. 1991, Tobin's Q and the gains from takeovers, *Journal of Finance* 46 : 409-419.

Shahrur, H. 2005, Industry structure and horizontal takeovers : Analysis of wealth effects on rivals, suppliers, and corporate customers, *Journal of Financial Economics* 76 : 61-98.

Shleifer, A., and R. W. Vishny. 1989, Management entrenchment, *Journal of Financial Economics* 25 : 123-139.

Shleifer, A., and R. W. Vishny. 2003, Stock market driven acquisitions, *Journal of Financial Economics* 70 : 295-311.

Slovin, M. B., and M. E. Sushka. 1998, The economics of parent-subsidiary mergers : An empirical analysis, *Journal of Financial Economics* 49 : 255-279.

Yeh, T., and Y. Hoshino. 2001, Shareholders' wealth, bank control, and large shareholders：An analysis of Japanese mergers, *Japan Journal of Finance*(『経営財務研究』) 21：150-166.

Yeh, T., and Y. Hoshino. 2002, Productivity and operating performance of Japanese merging firms：Keiretus-related and independent mergers, *Japan and the World Economy* 14：347-366.

Varaiya, N., and K. Ferris. 1987, Overpaying in corporate takeover：The winner's curse, *Financial Analysts Journal* 43：64-70.

邦文文献

青木茂男「M&Aによる財務への影響と企業行動」、『企業会計』第57巻8号（2005年8月）、4-10ページ。

青木茂男『要説　経営分析』森山書店，2008年。

安部悦生・壽永欣三郎・山口一臣『ケースブック　アメリカ経営史』有斐閣，2002年。

蟻川靖浩・宮島英昭「どのような企業がM&Aを選択するのか」、『一橋ビジネスレビュー』第56巻3号（2008年12月）、74-91ページ。

池本清・上野明・安室憲一『日本企業の多国籍的展開』有斐閣，1981年。

石井宏宗「M&Aの財務的効果の検証：先行研究のレビュー」、『経営学研究論集（明治大学大学院）』第28号（2008年2月）、59-76ページ。

石井宏宗「M&Aの情報開示と株価効果：先行研究のレビュー」、『経営学研究論集（明治大学大学院）』第27号（2007年9月）、125-137ページ。

石井宏宗「M&Aの動機とその理論」、『経営学研究論集（明治大学大学院）』第29号（2008年9月）、61-74ページ。

石井昌司『日本企業の海外事業展開』中央経済社，1992年。

伊藤邦雄『グループ連結経営：新世紀の行動原理』日本経済新聞社，1999年。

伊藤邦雄・加賀谷哲之「企業価値を創造するインタンジブル統合」、『一橋ビジネスレビュー』第56巻3号（2008年12月）、6-25ページ。

井上光太郎「日本企業のM&Aに対する株式市場の評価：大買収時代をモニタリングする視点」、『企業会計』第57巻第6号（2005年6月）、18-23ページ。

井上光太郎「日本のM&Aにおける取引形態と株価効果」、『経営財務研究』第22巻第2号（2002年12月）、107-120ページ。

井上光太郎・加藤英明「M&A発表日の株価効果に関する要因分析」、『現在ファイナンス』第13号（2003年3月）、3-28ページ。

井上光太郎・加藤英明「企業買収（M&A）と株式市場の評価：日米比較」、『証券アナリスト・ジャーナル』第42巻第10号（2004年10月）、33-43ページ。

井上光太郎・加藤英明『M&Aと株価』東洋経済新報社，2006年。

岩倉正和「M&Aにおいて企業価値を高めるための取締役の法的責任・行動準則」、『一

橋ビジネスレビュー』第 56 巻 3 号（2008 年 12 月），62-73 ページ。
薄井彰『M&A21 世紀―バリュー経営の M&A 投資』中央経済社，2001 年。
江頭憲治・三苫裕『上級商法　M&A』商事法務，2006 年。
大木書店『世界統計白書　2008 年版』，2008 年。
奥村雅史「企業買収と株式市場の反応：IN―IN 型と IN―OUT 型の比較」，『早稲田商学』第 355・356 号（1993 年），553-577 ページ。
小本恵照「企業業績と株価に対する合併の影響」，『ニッセイ基礎研 REPORT』（2000 年 1 月），1-6 ページ。
小本恵照「わが国の企業合併の特徴と経済効果」，『国民経済雑誌』第 186 巻第 6 号（2002 年 12 月），1-16 ページ。
加藤靖之「日本の M&A は成功しているか：M&A による企業価値創造の定量的検証」，『MARR』（2007 年 1 月），44-49 ページ。
北地達明・烏野仁『M&A 入門』日本経済新聞社，1999 年。
北村雅史『現代会社法入門』有斐閣，2010 年。
後藤新一『銀行合同の実証的研究』日本経済評論社，1991 年。
清水剛『合併行動と企業の寿命：企業行動への新しいアプローチ』有斐閣，2001 年。
首藤恵「株主に与える合併の効果」，『日本証券経済研究所計測室テクニカルペーパー』第 53 号（1981 年），1-53 ページ。
商事法務『会社法関係法務省令集　第 3 版』，2007 年。
白金良三「株主の立場からみた合併の効果」，『企業会計』第 39 号第 12 号（1987 年 12 月），82-85 ページ。
鈴木一功「M&A と企業パフォーマンス」，『証券アナリスト・ジャーナル』第 40 巻第 12 号（2002 年 12 月），17-29 ページ。
砂川伸幸「王子製紙の北越製紙株 TOB ― A&D 時代到来告げる―」，『日本経済新聞』2006 年 8 月 11 日朝刊。
東京証券取引所『東証要覧』，1998 年-2008 年各年号。
内閣府『経済財政白書』，2008 年。
中橋亮樹・星野靖雄「航空産業における企業の合併と提携に関する研究」，『経営行動科学』第 17 巻第 3 号，(2004 年 11 月)，139-148 ページ。
日本経済新聞社『日経経営指標〈全国上場会社版〉』，1998 年-2008 年各年号。
日本経済新聞社『日経会社情報』，1998 年-2008 年各四季号。
『日経産業新聞』「A 社　光学部品専業メーカーB 社を買収」1997 年 6 月 24 日。
『日経産業新聞』「A 社　液晶バックライト用部品　福島の子会社に集約―月産 100 万体制―1998 年 7 月 3 日。
『日経産業新聞』「LCD 用放電管　A 社 4 割増産―今秋メド月 140 万体制―」1999 年 4 月 20 日。
『日経産業新聞』「液晶用蛍光管 CFL　A 社が増産―来春月産 226 万本に―」1999 年 7

月 21 日。

『日経産業新聞』「液晶バックライト横ばい　4-6 月期大口見込み　韓国・台湾の需要好調」2003 年 4 月 16 日。

『日経産業新聞』「大口価格　バックライト堅調液晶向け好調続く」2003 年 6 月 25 日。

『日経産業新聞』「A 社　液晶向けランプ増産　石川に 22 億円投資　2 ライン新設」2004 年 2 月 6 日。

『日経産業新聞』「A 社　バックライト液晶テレビ用　月産 2.3 倍に―世界シェア 30％へ―」2004 年 8 月 12 日。

『日経産業新聞』「A 社　業績急拡大―液晶バックライト好調―」2005 年 5 月 11 日。

『日本経済新聞』「テレビすべて液晶画面に　シャープ社長が経営方針」1998 年 8 月 19 日朝刊。

『日本経済新聞』「液晶用ランプ増産　照明各社　工場増強や海外生産」2003 年 4 月 30 日朝刊。

『日本経済新聞』「A 社　石川に新工場　能登地域で 240 人採用」2005 年 10 月 1 日朝刊。

『日経金融新聞』「A 社　営業益 250 億円目標　09 年 3 月　薄型テレビ部品強化」2006 年 4 月 5 日朝刊。

二村和之『銀行合併の論理』時潮社，1991 年。

畠山公明『会社法講義 1』中央経済社，2009 年。

服部暢達「M&A 成功の条件」，『一橋ビジネスレビュー』第 56 巻 3 号（2008 年 12 月），26-43 ページ。

服部暢達『M&A 成長の戦略』東洋経済新報社，1999 年。

服部暢達『実践 M&A マネジメント』東洋経済新報社，2004 年。

林伸二『日本企業の M&A 戦略』同文舘，1993 年。

星野靖雄『企業合併の計量分析』白桃書房，1990 年。

星野靖雄『中小金融機関の合併分析』多賀出版，1992 年。

藤井眞理子「M&A と企業価値評価の理論」，『BOOKS in REVIEW』第 30 巻第 6 号（2005 年 6 月），161-164 ページ。

松尾浩之・山本健「日本の M&A：イベント・スタディによる実証研究」，『ECONOMICS TODAY』第 26 巻 6 号（2006 年 3 月），1-63 ページ。

宮島英昭「急増する M&A をいかに理解するか：その歴史的展開と経済的役割」，『RIETI Discussion Paper Series 06-J-044』（2006 年 6 月），1-46 ページ。

宮島英昭『日本の M&A：企業統治・組織効率・企業価値へのインパクト』東洋経済新報社，2007 年。

村松司叙『合併・買収と企業評価』同文舘，1987 年。

村松司叙『国際合併戦略』中央経済社，1991 年。

村松司叙『日本の M&A：経営多角化戦略と企業リストラクチャリング』中央経済社，

1995年。
村松司叙『M&A21世紀―企業評価の理論の技法―』中央経済社，2001年。
村松司叙・宮本順二郎『企業リストラクチャリングとM&A』同文舘，1999年。
森久『会計利益と時系列分析』森山書店，1997年。
森久『財務分析からの会計学』森山書店，2008年。
森久・石井宏宗「コアビジネスと収益性―半導体商社の不況期決算（2001年度）にもとづいて―」，『企業診断』第51巻第7号（2004年6月），82-87ページ。
森久・劉瑩「合併情報の公表による株価効果」，『企業会計』第60巻7号（2008年7月），121-127ページ。
リブロ『世界経済・貿易・産業年表　2008年版』，2009年。
レコフ『MARR』，1998年-2008年各月号。
レコフデータ「Mar. 2009 NEWS LETTER」『M&A Japan Market Review Jan.-Mar』（2009年4月），3ページ。
矢内一利「単独決算情報との比較による連結決算情報の企業価値関連性の検証」，『早稲田商学』第399号（2004年3月），473-505ページ。
矢部謙介「グループ企業再編の役割と財務企業への影響」，『一橋ビジネスレビュー』第56巻3号（2008年12月），44-61ページ。
渡辺章博・井上光太郎・佐山展生『M&Aとガバナンス：企業価値最大化のベスト・プラクティス』中央経済社，2005年。

索　　引

あ　行

アカウンティング・スタディ 89
アナリストの予測値 56
一県一行主義 16
イベント・スタディ 41
イベント日 41
インサイダー取引 53
ウイリアムズ・アクト 89
ウイリアムズ法 75
薄井（2001） 47
営業権 78
エージェンシー・コスト 38
エージェンシー問題 28
親子会社 12
ROE 74
ROA 74
IT バブル崩壊 123
Acquisitions 11
American Stock
　　Exchange（Amex） 81
Wall Street Journal Index 81
AR 41, 57
A&D 115
Ethics in M&A 5
NPV 73
FTC 28
M&A 1
M&Aの経済的なシナジー効果 1
M&Aの情報開示 41
M&Aの長期的効果 73
M&Aの動機と理論 27
LBO 14

か　行

会社支配権市場 52
会社総価値 2
会社法 11
会社法改正 12
買い手企業 3
外部モニタリング 29
価格倍率 97
加重 CAR の分析 55
寡占的構造 14
価値移転仮説 33
合併 11
合併取引 47
合併・買収プレミアム 35, 55
合併プレミアム 51
過度経済力集中排除政策 16
株価終値 71
株価効果 41
株価純資産倍率 97
株価総額 78
株価超過収益率 41, 57
株価動向指数 56
株価倍率 94
株価・簿価倍率の平均 97
株価累積超過収益率 41, 57
株式移転 12
株式移転完全親会社 13
株式交換 12
株式交換完全親会社 13
株式市場内外での取引 23
株式取得 12
株式対価買収 53
株主 2

174　索　　引

株主価値 …………………………… 2
株主価値を直接的に測定 ………… 93
株主資本 …………………………… 8
株主資本コスト …………………… 96
株主資本簿価の成長率 …………… 96
株主資本利益率 …………………… 73
株主総会での特別議決 …………… 23
カルテル ………………………… 15
関係会社間のM&A ……………… 53
企業価値 …………………………… 1
企業結合会計 ……………………… 78
企業存続の確保 …………………… 28
技術革新 ………………………… 17
技術的イノベーション ………… 117
技術力の優位性 ………………… 115
規制緩和 ………………………… 13
期待キャッシュフロー ………… 79
期待超過利益 …………………… 95
期待配当 ………………………… 95
期待利益 ………………………… 95
期中平均発行済株式数 …………… 71
規模の経済 ……………………… 28
キャッシュフローの推移 ………… 73
キャピタリスト ………………… 25
救済型M&A ……………………… 29
吸収合併 ………………………… 11
業界調整キャッシュフロー ……… 80
業種偏差キャッシュフロー ……… 82
業績仮説 ………………………… 33
銀行法 …………………………… 12
金融商品取引法 ………………… 12
クレイトン法 …………………… 13
グローバリズム ………………… 21
クロスセクション ……………… 86
クロスボーダー取引 …………… 18
経営改善 ………………………… 28
経営改善仮説 …………………… 29

経営者による意思決定 ………… 124
経営者の傲慢 …………………… 28
経営者の傲慢理論 ………………… 3
経営者の自信過剰 ……………… 34
経営者の自信過剰理論 …………… 8
系列系企業 ……………………… 90
研究開発
　(Research & Development) …… 115
現金対価買収 …………………… 53
現在価値 ………………………… 95
公開買付 ………………………… 23
高合併プレミアム ……………… 66
交換比率 ………………………… 71
公正取引委員会 ………………… 23
高買収プレミアム ……………… 68
高プレミアム …………………… 35
コールバーグ・クラヴィス・
　ロバーツ社 (KKR) ……………… 14
コングロマリット型合併 …… 14, 29
コンテスト型M&A ……………… 52
CAR …………………… 31, 41, 57
CARa …………………………… 61
CARt …………………………… 61
CARの推移 ……………………… 55
Communication, Integration, and Best
　Practice ………………………… 7
Compusat ……………………… 81
Competition, Hostility, and Behavioral
　Effects in M&A ………………… 7

さ　行

財閥解体 ………………………… 22
財閥系企業 ……………………… 15
財務指標分析 …………………… 73
債務担保証券 (CDO) …………… 24
財務比率 ………………………… 73

サブプライム問題	18
サメ除け (shark-repellent)	53
産業における統合	28
3σ	114
シェアの拡大	115
事業関連性	33
事業譲渡	12
資金の提供	28
市場拡大型合併	29
市場株価	45
市場第一部平均PBR	97
市場調整収益率	56
市場の効率性	41
市場の非効率性	34
市場モデル	56
シナジー効果	27
シナジー理論	3
四半期決算制度	57
資本関係仮説	33
資本コスト	94
資本資産価格モデル	56
資本簿価	95
シャーマン法	13
修正会社法	13
主成分分析	75
純資産	2
純粋持株会社解禁	20
純負債	2
純利益	95
証券コード	70
少数株主持分	8
正味営業資産	95
正味キャッシュフロー収益	81
正味現在価値法	73
正味負債	95
新設合併	11
垂直型合併	28

垂直的統合の経済	28
垂直統合	14
水平仮説	29
水平型合併	28
水平合併	14
生産能力	115
生産物市場のレントの拡大	28
税制上の利益の獲得	28
製品拡大型合併	29
世界同時不況	19
世界のM&A取引総額	17
セラー・キーフォーヴァー法	14
総資産利益率	73
総便益	58
GHQ	16
GDP	20
Jensen and Ruback (1983)	31
Strategy and Origination of Transaction Proposal	6

た 行

ターゲット企業	3
第三者割当増資	12
短期的な株価効果の測定モデル	55
短期的な効果	41
単独決算情報	113
超過ROE	96
超過利益の割引	94
超過リターン	56
長期雇用システム	24
長期の株価効果	51
垂直型合併	28
低合併プレミアム	67
低プレミアム	35
敵対的M&A	21
テンダー・オファー	74

店頭公開 ……………………………… 86
東京証券取引所市場第一部 ………… 57
東証（PBR）長期データ …………… 97
独占 …………………………………… 14
独立系企業 …………………………… 90
トラスト方式 ………………………… 13
取引銀行 ……………………………… 53
Dose M&A Pay? ……………………… 5
TOB …………………………………… 14
Design of Detailed Transaction
　Terms ……………………………… 6
Diligence, Valuation, and Accouting … 6
Tobin の q …………………………… 32
TOPIX ………………………………… 56

な 行

日次株価データ ……………………… 42
日経 NEEDS ………………………… 76
New York Stock
　Exchange（NYSE）………………… 81

は 行

買収 …………………………………… 11
買収開発 …………………………… 115
買収価格 ……………………………… 45
買収取引 ……………………………… 47
買収プレミアム ……………………… 51
買収防衛策 …………………………… 53
配当 ……………………………… 78, 94
配当の割引 …………………………… 94
配当割引モデル ……………………… 95
パーチェス法 ………………………… 75
パフォーマンス・スタディ ………… 73
パラメーターの残差 ………………… 56
反トラスト法 ………………………… 32

非効率性の排除 ……………………… 28
非コンテスト型 M&A ……………… 52
非水平型 M&A ……………………… 32
評価モデル ………………… 55, 73, 93
標準を上回る利益を得られる
　可能性 ……………………………… 28
ファンド ……………………………… 19
プーリング法 ………………………… 75
フリーキャッシュフローの視点 …… 28
フリー・キャッシュフロー ………… 95
プレミアム …………………………… 33
平均収益率調整モデル ……………… 56
米国公正取引委員会 ………………… 38
ベンチマーク ………………………… 94
ベンチャーキャピタル ……………… 25
ポイズン・ピル（poison pill）……… 53
補完的な資源 ………………………… 28
ホワイト・ナイト …………………… 75
PER …………………………………… 78
PBR …………………………………… 97
Bruner（2002）……………………… 1
Healy, Palepu, Ruback（1992）…… 80
β ……………………………………… 78

ま 行

村上ファンド ………………………… 90
メインバンク ………………………… 24
モニタリング ………………………… 53
持株会社 ……………………………… 17
Mergers ……………………………… 11

や 行

有価証券報告書 ……………………… 57
友好的な M&A ……………………… 21
要求利益 ……………………………… 79

余剰資金 ……………………………… 28

ら行

ライブドア ……………………………… 1
リーマン・ショック ………………… 18
連結決算情報 ……………………… 113
連結調整勘定 ………………………… 79
連邦取引委員会 ……………………… 74

Ravenscraft and Scherer (1987) …… 74
Rules of the Road ……………………… 7
Roll (1986) …………………………… 33

わ行

割引キャッシュフロー（DCF）
　分析 ………………………………… 94

著者紹介

石井　宏宗（いしい　ひろむね）

東京都出身
1996年3月　青山学院大学経済学部卒業
2004年3月　明治大学大学院経営学研究科博士前期課程修了
2010年3月　明治大学大学院経営学研究科博士後期課程修了
　　　　　明治大学より，博士（経営学）の学位を授与される

現・サンシングループ代表
　（サンシン電気株式会社 代表取締役C.E.O.　他6社のC.E.O.）
現・明海大学不動産学部非常勤講師（会計学）

〔専　攻〕管理会計論
〔主要業績〕「コアビジネスと収益性―半導体商社の不況期決算（2001年度）にもとづいて―」（森久教授との共著，『企業診断』第51巻第7号，同友館），「M&A後の統合問題」（坂本恒夫・文堂弘之編著，『M&Aのすべて』税務経理協会），「M&Aが株主価値にあたえる短期的経済効果の検証―イベント・スタディをもちいて―」（『経営論集』第57巻1・2号，明治大学経営学研究所），など

M&Aと株主価値―Does M&A pay?―
（かぶぬしかち）

2010年11月15日　初版第1刷発行

著　者　©石井　宏宗
　　　　　（いしい　ひろむね）
発行者　　菅　田　直　文
発行所　有限会社　森山書店
　　　　〒101-0054　東京都千代田区神田錦町1-10林ビル
　　　　TEL 03-3293-7061　FAX 03-3293-7063　振替口座 00180-9-32919

落丁・乱丁本はお取りかえします　　印刷／製本・シナノ書籍印刷
　　本書の内容の一部あるいは全部を無断で複写複製することは，著作権および出版社の権利の侵害となりますので，その場合は予め小社あて許諾を求めてください。

ISBN 978-4-8394-2103-8